a nudez de Afrodite

a nudez de Afrodite

CLÁUDIO MORENO

1ª edição

DIFEL
2025

CIP-BRASIL. CATALOGAÇÃO NA PUBLICAÇÃO
SINDICATO NACIONAL DOS EDITORES DE LIVROS, RJ

M842n Moreno, Cláudio
A nudez de Afrodite : lições do mundo antigo / Cláudio Moreno. - 1. ed. - Rio de Janeiro : Difel, 2025.

ISBN 978-85-7432-172-1

1. Crônicas brasileiras. 2. Mitologia grega. I. Título.

25-98241.1 CDD: B869.8
CDU: 82-94(81)

Carla Rosa Martins Gonçalves - Bibliotecária - CRB-7/4782

Texto revisado segundo o Acordo Ortográfico da Língua Portuguesa de 1990.

Direitos exclusivos desta edição adquiridos pela Difel,
um selo da Editora Bertrand Brasil Ltda.
Rua Argentina, 171 – Rio de Janeiro, RJ – 20921-380 – Tel.: (21) 2585-2000.

Impresso no Brasil

ISBN 978-85-7432-172-1

Para minha mulher, Ana, que compartilhou comigo
cada palavra deste livro.

Sumário

Apresentação

Tudo já foi dito. Chegamos tarde. Há mais de sete mil anos existem homens que pensam.
La Bruyère

Para aqueles que perdem o rumo na imensidão da savana, os sábios da África têm um excelente conselho: "Se você não sabe para onde está indo, vire para trás e veja, ao menos, de onde você veio." Para nós e para todo o Ocidente, isso significa olhar para a Grécia, o berço de nossa civilização. De uma ou outra maneira, nunca deixaremos de ser gregos.

Seus mitos, seus personagens, seus símbolos, que nos parecem tão familiares, vêm sendo processados e polidos há quase três mil anos, compondo um repertório utilizado pelos mais variados escritores, pintores, escultores e compositores da grande música. Essa rica tradição constitui uma fonte infinita de inspiração para todos os que dela se aproximam: às vezes nos fornece as respostas, mas, em geral — o que é mais importante ainda —, ela nos ensina a fazer as perguntas certas sobre o homem e seu papel diante da natureza, da sociedade e do destino.

Esses textos do passado, apesar da distância que nos separa deles, continuam a falar conosco numa voz reconhecível, carregada ainda com a emoção primitiva. Um bom exemplo é o famoso epitáfio que o poeta Simônides compôs para ornar o túmulo do célebre batalhão chefiado por Leônidas, que lutou até a morte contra os persas no desfiladeiro das Termópilas: "Estrangeiro, vai dizer aos espartanos que nós jazemos aqui, obedecendo a suas ordens." Há 25 séculos, essa frase, trágica e grandiosa como poucas, foi escrita para os passantes de todos os tempos — portanto, para nós também, e é por isso que nos toca ainda hoje.

Não preciso lembrar que os mitos gregos sempre comportaram várias reescritas e revisões. Os autores das tragédias do século V a.C., por exemplo, exploraram novas facetas dos heróis e personagens da Guerra de Troia, propondo reavaliações surpreendentes. O Ulisses da *Odisseia* é apresentado por Sófocles em seu *Filocteto* como um sujeito astucioso e sem escrúpulos. A Helena que Eurípides mostra na tragédia *Troianas* é bem diferente da Helena que Homero retrata na *Ilíada* — e ambas são diferentes da que aparece na tragédia *Helena*, que o próprio Eurípides veio a escrever anos depois. Assim, o leitor vai encontrar neste livro minhas versões preferidas para a história de Eco e Narciso, de Orfeu e Eurídice, de Selene e Endímion, de Pandora ("a que traz todos os dons"), da cegueira de Tirésias ou do Pomo da Discórdia, entre outras.

Da mesma forma, também são inúmeras as interpretações possíveis do mesmo mito. Um bom exemplo é a história de Atalanta: ao nascer, ela foi repudiada pelo pai, que obedeceu às recomendações de um oráculo e abandonou o bebê na floresta. Ali, ela foi adotada por animais selvagens e tornou-se uma exímia caçadora e corajosa aventureira, vindo a ser a única mulher que participou da expedição dos Argonautas — o que não é pouco!

Muitos a usam como um exemplo inspirador de mulher autônoma e corajosa que impõe seu valor a um mundo masculino hostil. Aqui, contudo, esse mito, revisitado na crônica "Não me devem nada", comemora o invejável crescimento interior de Atalanta, que consegue, no final, reconciliar-se com o pai sem culpá-lo do passado.

Esta é, portanto, a estrutura básica de todas as crônicas deste livro: primeiro, eu narro um mito, destaco um fato histórico significativo ou relembro uma frase memorável que a tradição guardou nas antologias; em seguida, faço um exercício de reinterpretação de seu significado. Muita coisa fui buscar na *Ilíada* e na *Odisseia*, de Homero, e na *Arte de amar* e nas *Metamorfoses*, de Ovídio. E ainda em Plutarco, em suas *Vidas paralelas*, nas *Histórias* de Heródoto e na *Teogonia*, de Hesíodo. E mais em Apuleio, que imortalizou Psiquê, e nos pensamentos de Epíteto, de Pascal, de Plínio e de Sêneca, sem esquecer as *Meditações*, de Marco Aurélio, e os *Ensaios*, de Montaigne. Dos modernos, aproveitei ideias de Cioran, de Simone de Beauvoir e de nosso poeta Antônio Cícero. Das artes plásticas, figuram nessas crônicas pinturas de Correggio e de Rembrandt, bem como duas esculturas: a *Afrodite de Cnidos*, de Praxíteles, que ditou por muitos séculos o cânone do nu feminino, e o *Eros e Psiquê*, a obra-prima de Canova.

É por isso que filósofos, psicanalistas, historiadores, antropólogos — ou simples amantes da cultura, assim como eu e você, caro leitor —, todos nós temos a ganhar com essas histórias antigas. É exatamente por transmitir algum tipo de saber, ou verdade, ou simplesmente alguma emoção essencial, que elas continuam a ser contadas até hoje. Nestes relatos você vai encontrar todas as facetas da natureza humana: eles descrevem as emoções que conhecemos e mostram todas as relações que podem existir entre um homem e uma mulher, ou entre pais e filhos; neles estão previstos todos os crimes possíveis, com seus respectivos castigos, todos os sonhos e todos os pesadelos. Neles também podemos encontrar exemplos que mostram como devemos agir, fornecendo-nos uma ética que continua atual, pois não se baseia em proibições, no remorso ou na culpa, mas sim em valores que nunca deixarão de ser humanos. Estas histórias parecem estar por trás de tudo o que somos, e adiante de tudo o que seremos; por isso jamais vão morrer.

Cláudio Moreno
Porto Alegre, 2025

1. Pais e filhos

Pais e filhos — este é o tema da cena magistral que Homero escolheu para encerrar sua *Ilíada*. No mais famoso confronto de toda a Guerra de Troia, Aquiles, o grande guerreiro grego, filho de uma deusa e de um mortal, venceu facilmente a Heitor, o mais valoroso dos troianos. Não satisfeito em matá-lo, Aquiles amarrou o corpo de Heitor em seu carro e o arrastou pelo pó da planície até o acampamento grego, onde o deixou insepulto, para ser devorado pelos cães famintos que rondavam, aos bandos, o campo de batalha. Do alto das muralhas da cidade, os troianos assistiram estarrecidos à morte de seu herói, mas ninguém se desesperou mais que Príamo, seu pai, o velho rei de Troia, por não poder dar ao filho um digno funeral, dentro dos antigos ritos.

Lá em cima, no Olimpo, os deuses também se indignaram com o triste destino de Heitor: ele era um homem justo, um grande guerreiro, e não merecia esse derradeiro ultraje. A uma ordem de Zeus, o cadáver do herói foi coberto por um bálsamo divino que o protegia da putrefação; Íris, a deusa mensageira, foi sugerir a Príamo que oferecesse um rico resgate pelo corpo, como era costume entre os gregos, enquanto a deusa Tétis, mãe de Aquiles, foi até sua tenda para convencê-lo a devolver Heitor a sua família.

Acompanhado de um velho cocheiro, Príamo deixou então a cidade e rumou para o acampamento grego, no outro extremo da planície, com uma pesada carreta abarrotada de riquezas. A noite, porém, caiu sobre os dois velhinhos, e eles teriam se extraviado naquela escuridão se Hermes, o deus dos caminhos, não viesse socorrê-los, guiando-os até o campo inimigo. Lá, o deus adormeceu os guardas e o carro pôde passar despercebido, deixando Príamo, finalmente, diante da tenda de Aquiles.

Este ficou paralisado de surpresa quando o ancião surgiu do meio da noite, arrojou-se no solo, a sua frente e beijou-lhe, suplicante, a mesma mão que tinha empunhado a espada: "Dá meu Heitor de volta, Aquiles! Pensa em teu pai, que também deve ter cabelos brancos, e deve te amar como eu amei meu filho!"

Ouvindo as trêmulas palavras do rei, Aquiles lembrou com tristeza que seu pai, o velho Peleu, devia estar lá longe, na Grécia, esperando seu retorno, sem saber que um oráculo havia predito que ele não voltaria de Troia. Comovido, ele retirou mansamente sua mão das mãos de Príamo, e os dois, frente a frente, unidos pelo mesmo sentimento de dor e solidão, irromperam num pranto comum que veio encher a imensidão daquela noite com seus soluços — não mais como dois inimigos, mas como dois simples homens que choravam a infinita saudade de todos os pais e de todos os filhos que nunca mais vão se ver.

2. Povos diferentes

Em dois milênios e meio, pouca coisa mudou entre o homem e a mulher. Heródoto conta sobre aquelas amazonas que os gregos derrotaram e tentaram levar para a Grécia. No trajeto, elas se amotinaram e jogaram a tripulação ao mar; porém, como não sabiam manejar o navio, ficaram à deriva, ao sabor do vento, até que a correnteza as levou às praias da selvagem Cítia. Ali elas se apropriaram de uma manada de cavalos e começaram a pilhar o interior do país. A princípio, os citas ficaram perplexos: não sabiam que guerreiros eram aqueles, pois não reconheciam sua fala ou sua maneira de vestir; contudo, após o primeiro confronto, ao examinar um cadáver e perceber que não eram homens, decidiram que valia a pena ter filhos com aquelas valorosas guerreiras. Para isso, mandaram que os solteiros fossem acampar perto delas e as observassem em tudo, sem jamais hostilizá-las.

Assim foi feito; quando elas atacavam, eles recuavam, sem entrar em luta, para convencê-las de sua intenção pacífica. Admirando-os por isso, e impressionadas com o valor e o denodo que eles tinham demonstrado no combate, elas permitiram que os jovens citas ficassem onde estavam. Sendo homens e mulheres, não preciso dizer que a distância entre os dois acampamentos ia ficando menor a cada novo dia...

No final das manhãs, elas passaram a se afastar, sozinhas ou em pares, a fim de cumprir o que a natureza manda; os citas fizeram o mesmo. Quando um deles encontrou-se com uma delas, junto ao rio, o inevitável ocorreu, para alegria de ambos. Depois — mas que coisa mais antiga! — ela avisou, por meio de sinais, que no dia seguinte viria com uma amiga, e que ele assim também o fizesse. Em pouco tempo, todos formavam casais; o passo seguinte — quem diria! — foi unir os acampamentos, passando a morar juntos.

Os homens (como, aliás, até hoje) não conseguiram aprender a língua das mulheres, mas estas, ao contrário, captavam muita coisa da linguagem deles, e assim iam se entendendo. Quando eles propuseram que fossem morar com seu povo, elas recusaram: "Gostamos de cavalgar e de caçar livremente; jamais viveremos como as mulheres citas, que passam seus dias ocupadas com afazeres domésticos. Se querem ficar conosco, vamos nós, todos juntos, achar um lugar para começar vida nova."

Os jovens concordaram, e todos levantaram acampamento e viajaram muito longe, para o norte, onde se tornaram a tribo dos Saurômatas, cujas mulheres nunca deixaram de cavalgar e lutar ao lado de seus homens, provando que o segredo da harmonia entre os sexos é o gosto por essa estranheza recíproca e a aceitação de que existe uma ignorância entre eles que nunca será superada — pois são povos muito diferentes.

3. Um amor impossível

Selene, a deusa da Lua, nunca tinha sentido atração por homem algum. Sua imagem pálida e solitária atravessava os céus da eternidade, numa rotina de pura melancolia. Todas as noites, porém, ela era acompanhada pelos olhos sonhadores de Endímion, um tímido e belo pastor da Tessália, que levava o rebanho para o alto do monte a fim de poder vê-la mais de perto. De tanto observá-la, ele começou a compreender o caprichoso ciclo lunar, que era um mistério para todos; sua fama correu mundo afora e chegou aos ouvidos de Selene, que ficou curiosa: talvez ele fosse um homem diferente, capaz de entender o ritmo de seus delicados movimentos pelo céu noturno.

Certa noite, depois de muito hesitar, ela abandonou seu curso e veio ao encontro dele. Endímion estava adormecido na grama orvalhada do cimo do monte, e eram tão sereno seu sono e tão suave seu semblante que o coração da virgem foi invadido por uma paixão que nunca tinha sentido. Depois dessa noite, era ela que ficava perturbada quando o avistava lá de cima, porque pressentia que essa atração recíproca, cada vez mais intensa, ia fazê-la entregar-se a um homem pela primeira vez. E foi assim: uma noite, quando ele dormia numa caverna, ela deitou a seu lado e beijou-lhe os olhos fechados, infundindo-lhe um sono mágico — ele não podia acordar, mas podia perceber e sentir tudo o que estava ocorrendo. Cheia de paixão, ela o possuiu com tanto ardor que esqueceu que era a Lua, causando um eclipse geral que deixou o mundo todo às escuras.

Zeus não tolerava qualquer desordem no cosmos e resolveu castigá-la, mas ela, em sua defesa, alegou que tinha se apaixonado — argumento a que o Rei dos Deuses sempre foi muito sensível. Então ele perguntou, compreensivo, como poderia ajudá-la a manter sua felicidade. "Deixe Endímion escolher seu destino, Pai", disse ela. Consultado, o pastor respondeu que queria dormir eternamente, sem precisar temer a morte, prolongando para sempre aquele sonho maravilhoso que tivera — "e sem nunca envelhecer", acrescentou a deusa, aproveitando a boa vontade de Zeus. Endímion dorme até hoje. Dizem que todas as noites a Lua ainda vem visitá-lo, e o abraça e o cobre de beijos; ele não pode ver a linda figura prateada que se desnuda a seu lado e se curva sobre ele, mas o calor de seu hálito e seus suspiros apaixonados se misturam aos dela.

A história é fascinante porque os dois parecem realizar o sonho de qualquer enamorado, que é cristalizar, para sempre, aquela intensa paixão dos primeiros encontros. Infelizmente, isso não é possível; a Lua e o pastor estão juntos, mas vão continuar sozinhos. Não vão conhecer um ao outro, porque não se falam e não se olham. Não vão rir juntos, não vão fazer projetos, nem ao menos vão discutir e brigar. Não compartilham segredos, alegrias ou tristezas, e não podem, cada noite, contar um ao outro os vestígios de seu dia — aquelas coisas tão simples sem as quais o amor não sobrevive.

4. Convivendo com as marés

Nunca houve artistas mais obstinados que os ceramistas da Grécia antiga. Trabalhando com o barro elementar, tirado das margens dos rios — a mesma matéria-prima da simples telha ou tijolo —, fabricavam ânforas, taças, vasos, cálices, jarros e todos os demais utensílios necessários para a vida doméstica. Muitos deles, no entanto, não se limitaram a produzir meros artefatos utilitários; apesar de não desenharem em tela plana, mas na superfície esférica ou cilíndrica dos recipientes, artistas como Exéquias ou o pintor de Amásis demonstram um talento excepcional, criando obras de grande beleza que impressionam ainda hoje pela notável composição das cenas, pela riqueza dos detalhes e pelo movimento das figuras retratadas.

Era uma operação delicada. Da argila crua ao vaso pronto, muitos eram os acidentes possíveis, principalmente quando o fogo entrava em cena. O perigo morava no forno, onde o mínimo detalhe podia pôr tudo a perder.

O cozimento era complexo, feito em três etapas, cada uma em temperatura diferente, medida numa época que não conhecia termômetros ou termostatos. Um erro de cálculo, e o fogo, fera domada mas sempre selvagem, fazia o vaso estalar em pedaços, escurecia a pintura, gretava todo o verniz ou alterava as cores pretendidas. Mesmo quando tudo corria bem e a peça saía perfeita do forno, sua sorte jamais deixaria de ser precária, pois a fragilidade intrínseca da cerâmica determina seu destino inevitável: um dia ela vai quebrar.

Ninguém melhor que esses artistas para nos fazer compreender a sabedoria contida na parábola dos castelos de areia. Uma praia, na maré baixa, oferece todo o espaço e toda a areia do mundo para construir um castelo. São três as atitudes possíveis: uns, entusiasmados com seu projeto, mobilizam toda sua força criativa e só pensam na beleza do que irão construir; como não lembram que a maré vai voltar, ficam surpresos e desapontados quando as ondas vêm derrubar o que fizeram.

Outros, ao contrário, tolhidos pela ideia assustadora de que a maré acabará por vir, desistem antes de começar, preferindo deixar-se levar pelo oceano da existência, sem tentar erguer castelo algum. A terceira atitude, a mais difícil de manter, mas muito mais rica do que as outras, é semelhante à de nossos mestres ceramistas. Sem abrir mão de suas ilusões e de seus projetos, eles sabiam se submeter às limitações inexoráveis da condição humana. Aceitavam como fatos naturais os caprichos do fogo e o caráter transitório das frágeis obras que produziam, mas nem por isso deixavam de se esmerar até o último traço do pincel. Ah, e se tudo desse errado, era só recomeçar no outro dia.

5. Ocas e transparentes

Para servir de exemplo para as gerações futuras, o grego Plutarco escreveu, no primeiro século da Era Cristã, as biografias daqueles que, a seu ver, eram os personagens mais famosos da Antiguidade. Algumas se perderam, mas as cinquenta *Vidas paralelas* que chegaram até nós formam uma espetacular coleção de reis, generais, tiranos, traidores, valentes e poltrões — seres humanos extraordinários, sem dúvida, que sempre nos fascinarão por suas boas ou por suas péssimas qualidades.

Plutarco nos surpreende, às vezes, pelo detalhe. Ele narra a dura carreira de Agesilau, o temido general espartano, homem de poucas palavras e de muitas cicatrizes, que rejeita uma velhice tranquila e vai, já com 80 anos, comandar um exército de mercenários a serviço do Egito. Toda a Ásia respeitava seu nome, pois ele tinha passado por todos os países da região sem pedir licença a ninguém; a cada reino que chegava, limitava-se, no bom estilo espartano, a avisar que ia atravessar — e que decidissem se ele ia fazê-lo como amigo ou como inimigo. Pois esse rude soldado, conta-nos Plutarco, costumava montar num cavalinho de pau e brincar alegremente com seus filhos pequenos; surpreendido um dia por um visitante, pediu-lhe que só comentasse o fato quando ele próprio fosse pai, pois então entenderia o que aquilo representava.

Outra ilustre figura é Paulo Emílio, varão honesto e inflexível que comandou as forças romanas em várias campanhas contra os bárbaros. Nas províncias revoltosas, conquistou mais de 250 cidades — mas, quando voltou a Roma, não estava nem um centavo mais rico. Depois de muitos anos de casado, divorciou-se da esposa, sem que ninguém soubesse a razão. Tudo que fez foi contar a alguns amigos a história de um romano que, como ele, tinha se separado. "Não era discreta? Não era bonita? Não era fértil?", tinham lhe perguntado; ao que ele, mostrando a sandália que trazia no pé, teria respondido: "Não é bem-feita? Não está novinha? Não é bonita? No entanto, nenhum de vocês sabe onde ela machuca meu pé!" E mais não disse.

Não sei se os estranhos tempos em que vivemos saberiam apreciar homens tão discretos assim, tão reticentes quanto a sua intimidade. Parece não haver mais lugar para véus ou disfarces: aqui se faz, aqui se diz, aqui se mostra — e todo o mundo se interessa por isso. Um Agesilau moderno não se negaria a dar uma entrevista sobre suas brincadeiras infantis, e talvez até concordasse, diante das câmeras, em cavalgar de novo o cabo da vassoura. O divórcio de Paulo Emílio seria anunciado e comentado nas revistas do momento, com a foto e a versão da ex-esposa. Assim é nosso século. Expondo sua intimidade ao público, que precisa espiar a vida dos outros para se sentir existindo, muitos acabam se tornando ocos e transparentes, seres desprovidos de substância que voam, como folhas secas, ao sabor da moda do dia.

6. Não é tão simples assim

Quem hoje discute a longevidade humana e o prolongamento da vida por métodos artificiais deveria meditar seriamente sobre o mito de Eos e de Títono. Todos os dias, quando o céu escondia as estrelas, Eos, a deusa da aurora, levantava de seu leito no oceano e começava a iluminar a terra e as nuvens com seus raios cor-de-rosa. Era adorada pelos homens e pelos deuses, mas trazia a alma torturada por uma estranha maldição: por ter cometido o erro de se deitar com Ares, o deus da guerra, ela despertou o ciúme de Afrodite, que a condenou a viver sem descanso, buscando sem sucesso alguém que pudesse amar. Por isso, a cada manhã, ao cruzar o firmamento, ela procurava, entre os belos mortais aqui embaixo, um novo parceiro amoroso, mesmo sabendo que em breve ela se desencantaria dele e teria de trocá-lo por outro.

Títono era um príncipe belíssimo, irmão de Príamo, o rei de Troia. Ao conhecê-lo, Eos ficou tão apaixonada que, pela primeira vez, sentiu que tinha rompido aquele ciclo insuportável de amores passageiros. Certa de que finalmente tinha encontrado o homem de sua vida, transportou-o para sua morada na Etiópia longínqua e subiu até o Olimpo para pedir a Zeus que abençoasse a união e concedesse, como presente de núpcias, a imortalidade a Títono, para amá-lo para sempre. Com um sorriso enigmático, Zeus atendeu a seu pedido, e ela voltou, feliz como uma noiva, para os braços de seu amado.

Eos só foi entender seu erro muito tempo mais tarde: como os deuses não mudam de idade, não lhe tinha ocorrido pedir a Zeus que desse também a Títono a eterna juventude, e ele, que não podia morrer, foi se curvando sob o peso dos anos e das décadas, encolhendo e murchando com o passar dos séculos. Logo tinha vivido dez vezes mais do que um simples mortal; seu corpo tinha se reduzido a quase nada, uma minúscula carcaça, e sua mente o abandonou, deixando-o em completa demência, gritando palavras sem nexo com uma voz estridente.

Títono, porém, era um homem justo e não merecia o castigo terrível daquela eterna velhice, e Zeus, com pena dele, primeiro tirou-lhe a memória e a consciência, depois transformou-o na cigarra, que vive até hoje nos campos. Não se lembra mais da esposa, não se lembra mais de si mesmo, nem sabe que é um inseto; só o calor das manhãs de verão parece trazer-lhe, de longe, uma sensação conhecida, e por isso ele canta. Eos, que passa lá em cima, tristonha, derrama então sobre o mundo suas lágrimas de orvalho, arrependida em sonhar, no entusiasmo da paixão, em mudar este eterno roteiro da vida humana que sempre haverá de terminar com a morte.

7. Por trás daquela porta

Não é por acaso que Marco Aurélio se tornou um dos mais benquistos e respeitados imperadores romanos, modelo de governante e de chefe de família. Como acreditava que devemos ser uma só pessoa, tanto em casa quanto fora dela, repartiu as horas de seu dia de uma forma que lhe permitisse desempenhar as funções necessárias para governar o maior império do mundo sem negligenciar sua própria vida pessoal. Pela manhã, dedicava algumas horas para conviver com a mulher, com os filhos e com os amigos; depois, visitava o Senado e se reunia com os embaixadores e os representantes das províncias. Voltava para casa e fazia a única refeição do dia, em que comia bem, e muito, e só iguarias boas e conhecidas, porque achava que manjares estranhos sempre traziam doenças estranhas.

Uma hora de seu dia era dedicada a atender aos queixosos e aos necessitados, e uma vez por semana ele passeava a pé, sozinho, pelas ruas de

Roma, para ouvir diretamente o que as pessoas do povo tinham a lhe dizer. Homem culto, estudioso e sensível, escreveu as preciosíssimas *Meditações*, em que reuniu os princípios filosóficos e éticos que seguia, na busca ideal por uma vida íntegra e serena.

Essa figura tão especial inspirou muitos biógrafos, entre eles o espanhol Antonio de Guevara, no século XVI, que escreveu a mais interessante (e mais fantasiosa) versão de sua vida. Nela ficamos sabendo que o bom imperador passava seu tempo livre recolhido em um quarto de estudos no interior da casa, cuja chave ele não confiou a ninguém até o dia de sua morte. Além de uma valiosa biblioteca, ali ficavam seus escritos pessoais, fruto de seu esforço e de suas vigílias. Ninguém podia entrar nesse estúdio — nem mesmo sua mulher, a imperatriz Faustina.

Ocorreu, porém, certo dia, que ela, estando grávida, começou a importuná-lo de todas as formas possíveis para que ele lhe desse a chave, insistindo muito, a ponto de se desesperar: "Sempre me respondes com brincadeiras quando te peço a chave dessa câmara. Pois não devias; lembra-te de que estou grávida e de que sou Faustina, tua querida, a mais formosa a teus olhos, como vives dizendo. Se me levas no coração, porque não posso entrar em teu escritório? Se me contas os próprios segredos do Império, por que me proíbes de entrar nesse mísero quartinho? Começo a desconfiar que teu amor é fingimento e que escondes ali dentro lembranças de alguma outra mulher!" E, como faziam as mulheres de antigamente, tratou de regar essas palavras com lágrimas bem copiosas.

Se tivesse feito a vontade de Faustina, Marco Aurélio não teria entrado para a História como sábio. Não entregou a chave; aquela porta trancada era indispensável para a felicidade do casal — de qualquer casal, aliás. Eu convido minha mulher a percorrer os corredores de meu raciocínio e a compartilhar as paisagens de minhas emoções, e ela faz o mesmo comigo — mas reservo um pequeno quarto fechado, inacessível, para guardar não importa o quê: boas ou más lembranças, fantasias, desejos, temores — coisas que compõem, no fundo, o mistério de cada um.

8. O rei está nu

Dionísio de Siracusa, tirano terrível, não se contentava em fustigar seus súditos com decretos duríssimos e impostos insuportáveis, mas os obrigava a ouvir as peças literárias que compunha, todas de péssima qualidade. Os mais ilustres cidadãos do reino eram convidados a fazer parte de sua mesa, sabendo, resignados, que junto com a sobremesa viria o suplício de ouvi-lo declamar os versos ruins que escrevia. Todos, por puro temor, tratavam de aplaudi-lo — todos, menos Filoxeno, filósofo, poeta e homem de espírito.

Certa feita, depois de ler uma passagem de que se orgulhava particularmente, Dionísio foi colhendo elogios à roda da mesa, até chegar a Filoxeno, que fez uma crítica impiedosa. Indignado, o tirano mandou trancá-lo no calabouço, onde ele teria ficado para sempre se seus amigos não tivessem intervindo junto a Dionísio, sugerindo-lhe que talvez Filoxeno tivesse agido por despeito, já que também era poeta. Dionísio concordou, mas fez questão de reunir, na semana seguinte, os mesmos convivas daquela noite, e novamente leu uma de suas composições. Todos aguardavam, ansiosos, a opinião de Filoxeno, mas ele levantou em silêncio e foi procurar os guardas, pedindo-lhes que o levassem de volta à prisão. Dionísio, que tinha humor, acabou achando graça e o poupou.

Hoje, o meio mais sutil de alguém se impor ao gosto do público é explorar sua insegurança, como naquela velha história de Andersen: dois espertalhões convenceram o rei a encomendar um traje digno de sua majestade, feito de um material levíssimo, vaporoso, que tinha a vantagem adicional de ficar invisível para todos os estúpidos — uma forma segura, portanto, de avaliar a inteligência de seus súditos. Contratados a peso de ouro, os dois velhacos passavam o dia a cortar o ar com as tesouras, a manejar agulhas sem linha e a fingir que mediam o vazio. O rei não via nada, mas, não querendo passar por tolo, mandava seus auxiliares visitarem diariamente o ateliê; eles, por sua vez, sentindo-se estúpidos por nada enxergar, voltavam inventando grandes elogios à beleza do traje e à maestria dos alfaiates. No dia do desfile, o rei não teve remédio senão envergar aquela roupa de mentira. Ele se sentia nu, e nu ele era visto por todos os populares, mas quem ousaria falar, e assim confessar publicamente sua estupidez? Quem apontou o embuste foi um menino inocente que, para alívio geral, finalmente disse em voz alta o que todos estavam pensando: "O rei está nu!"

Pois é essa voz da inocência o que mais andou faltando nas últimas bienais. Por pura intimidação, calamos nosso desgosto diante de obras sem qualquer talento criativo e de instalações que, na bela frase de Cony, ficam na simples intenção de dizer alguma coisa que nem precisava ser dita, de tão óbvia e superficial. Quem mais sofre com toda a empulhação, alerta Contardo Calligaris, é a verdadeira arte conceitual, que tem um trabalho danado para se diferençar dessa arte cretina.

9. Não deixe de abrir

A hospitalidade era tão importante para os gregos que o deus encarregado de zelar por ela era Zeus, o próprio senhor do Olimpo. Várias vezes ele veio, disfarçado, fazer uma visita aos humanos para ver quem era mau e quem era bom hospedeiro; por isso mesmo, um grego sempre achava melhor acolher, sem perguntas, qualquer forasteiro que batesse a sua porta.

Assim fez Eumeu, o guardador de porcos, no canto XIV da *Odisseia*: terminada a guerra de Troia, Ulisses está viajando por quase dez anos a fio, de ilha em ilha, de naufrágio em naufrágio, tentando voltar para casa. Quando chega finalmente às praias de sua amada Ítaca, mil perigos o aguardam, e a deusa Atena, para protegê-lo, torna-o irreconhecível: cobre sua pele de infinitas rugas, faz cair seu cabelo e tira-lhe o brilho dos olhos, que se toldam com a neblina da velhice. O novo mendigo, esfarrapado e encardido, sobe com dificuldade a trilha que leva até a cabana de Eumeu.

Seus cães, ferozes como lobos, pressentem a aproximação do estranho e se lançam contra ele com um rugido aterrorizante; Eumeu, no entanto, com gritos e pedradas, põe os animais a correr. "Entra em minha casa, forasteiro; depois de comer e beber, conversaremos."

Na cabana, improvisou um assento com uma braçada de folhas macias, sobre as quais colocou o grande pelego de ovelha que lhe servia de cama. Ulisses quis agradecer, mas ele atalhou: "Se tu fosses ainda mais pobre, mesmo assim eu não me recusaria a te receber, porque todos os visitantes pertencem a Zeus." Abateu então um porco bem cevado, espetou a melhor parte da carne e deixou-a chiar sobre as brasas. Quando o assado ficou pronto, colocou-o numa travessa de madeira, encheu com vinho a única taça que tinha, estendeu-a a Ulisses e convidou-o a se servir. Lá fora, a noite caía, chuvosa, e um vento frio começou a atravessar as frestas da pobre cabana. Eumeu pegou então seu pesado manto de pastor e enrolou-o em torno dos ombros do velho, sem se dar conta de que ali estava seu amado rei, cuja volta tinha aguardado todos aqueles anos, e sem desconfiar que sua vida, a partir daquele dia, ia mudar para sempre.

Assim como esse pastor, nós deveríamos acolher, com igual confiança, a arte que nos visita — sugere George Steiner, o mais sábio dentre os sábios. Os quadros, as músicas ou os livros que vêm bater a minha porta serão sempre como estranhos, mas não devo recusá-los. Mesmo que alguns deles frustrem minha expectativa ou que outros falem numa língua que eu não entendo, devo deixá-los entrar, recebê-los sem receio, porque entre eles hão de vir vários deuses disfarçados que encherão de luz a pequena casa que habito.

10. Um mamífero diferente

Para minha filhinha Luísa

Quando os deuses resolveram povoar este mundo, conta Platão, moldaram todos os animais com fogo e com argila e encarregaram dois titãs, Prometeu e Epimeteu, de equipá-los com o necessário para a vida. Epimeteu pôs mãos à obra: deu corpulência a uns, agilidade a outros; uns ele armou de garras e de chifres, outros deixou desarmados, dotando-os, porém, de asas ou de pernas velozes para poder fugir; de uns fez predadores, de outros, presas, mas deu a estes a bênção de proles mais numerosas, para que nenhuma das espécies viesse a ser extinta. Quando acabou, no entanto, viu que tinha esquecido o homem — nu, desarmado e indefeso. Para que ele sobrevivesse, Prometeu teve de roubar dos deuses o fogo e a misteriosa arte de domá-lo.

Há dois mil anos, Plínio, em sua *História natural*, já descrevia essa nudez originária. Desprovido de escama, concha, pena ou pele espessa, o homem é o único animal que se veste com os despojos dos outros. Quando chega a este mundo, só sabe chorar e gemer, e precisa ficar enrolado em paninhos, tolhido, por vários meses, ao passo que um pintinho já anda solto no terreiro no dia em que sai da casca. Por enquanto apenas chora, este animalzinho de quatro patas. Mas quando saberá caminhar como homem? Falar como homem? Quando terá força para mastigar o que come? Os outros animais já nascem com o instinto de sua própria espécie: uns correm, outros voam, outros ainda nadam, mas o homem não sabe coisa alguma que não tenha de aprender — nem falar, nem andar, nem levar alimento à boca, pois o único dom natural que recebeu foi o de chorar — talvez pelo simples fato de ter nascido.

No entanto, é essa ínfima criatura que vai comandar todas as outras, porque ela é diferente. De todos os seres, o homem é o único que conhece o luto e o riso, que procura o prazer de todas as formas e por todas as partes do corpo, que sofre com a ambição da riqueza e com a brevidade da vida, que se preocupa com a morte e até mesmo com o que vai acontecer quando ele não estiver mais aqui. Mas, acima de tudo, é o único que não se conforma com o impiedoso ciclo animal em que os mais fracos são aniquilados. Paradoxalmente — ou não? —, a espécie humana começou a tornar-se a mais forte de todas somente quando, num gesto solidário, esse simples mamífero resolveu atrasar seu passo na savana para ajudar os retardatários, quando começou a sentir que devia carregar os feridos, proteger as crias abandonadas e dividir o alimento com os que não podiam caçar — quando, em suma, assumiu que a fraqueza dos outros era sua fraqueza também.

11. A estrada de Atenas

Teseu era pouco mais que um adolescente quando ficou sabendo que era filho do rei de Atenas. Despediu-se então da mãe e do avô, com quem vivia, dizendo-lhes que precisava encontrar o pai, para conhecê-lo. A mãe, que já esperava esse dia, pediu-lhe apenas que viajasse por mar, que era mais seguro: a estrada que ia do Peloponeso a Atenas estava cheia de bandidos sanguinários, que viviam cometendo toda a sorte de atrocidades sobre quem lhes caísse nas mãos. Muitos deles tinham sido eliminados por Hércules, ao longo de suas peregrinações, mas agora o grande herói estava no exílio, na Ásia longínqua, e os criminosos, vendo que não havia ninguém para reprimi-los, tinham voltado a atacar. O jovem Teseu, no entanto, que secretamente idolatrava o poderoso Hércules e sonhava todas as noites em imitar suas façanhas, recusou a segurança indigna do mar e preferiu lançar-se a pé pela estrada, resolvido a não fazer mal a quem quer que fosse, mas a se defender contra os que tomassem a iniciativa da violência.

Ora, assim que pisou no território de Epidauro, defrontou-se com o cruel Perifetes, que costumava esmigalhar o crânio dos infelizes com uma clava de bronze. Teseu o desarmou e aplicou-lhe na testa um golpe com aquela arma terrível; como ela lembrava o porrete que Hércules usava, adotou-a para si, como emblema de sua coragem. Em seguida foi a vez do gigantesco Sínis, que se divertia em amarrar os pés da vítima a dois pinheiros flexíveis, vergados até o chão, para em seguida soltá-los de chofre, rasgando-a em dois pedaços. Depois foi Círon, cujos pés os viajantes eram obrigados a lavar; enquanto eles o faziam, tremendo de pavor, ele os empurrava pela borda do penhasco, precipitando-os no mar, onde eram devorados por uma gigantesca tartaruga. Mais adiante, foi a vez de Procusto, o sinistro estalajadeiro que amarrava os hóspedes durante o sono para uma medonha tortura: se eram menores do que o leito, ele os estirava com cordas e roldanas; se eram maiores, cortava as partes excedentes a golpes de machado. Teseu foi implacável com eles, submetendo Sínis a seus pinheiros mortais, Círon a sua voraz tartaruga e Procusto a seu leito ensanguentado.

Teseu começava assim sua carreira de sábio governante, herói defensor do Bem e da Justiça. Sabia que amar seu semelhante nunca significou inocentá-lo de seus crimes, atribuindo toda a culpa ao mundo ou à sociedade que o criou; conhecendo bem demais o lado escuro da natureza humana, acreditava que o Mal nunca será extirpado de nossas vidas, mas sempre vai estar lá, onde sempre esteve, à nossa espreita, nas curvas da longa estrada da vida.

12. Ninguém muda seu destino

Quando subiu ao trono da Sicília, Dionísio era um jovem irresponsável e sem juízo. Um de seus tios, no entanto, convencido de que isso era fruto da educação descuidada que ele tinha recebido, incentivou-o a aproximar-se dos sábios e dos filósofos. O jovem rei ficou tão entusiasmado que chegou a trazer Platão duas vezes até sua corte, em Siracusa, tornando-se, durante alguns meses, um discípulo fervoroso daquele que foi um dos maiores pensadores de todos os tempos.

Poucos monarcas tiveram poder igual ao dele. Seus celeiros acumulavam mais de um milhão de sacas de trigo; seu poderio militar era tal que uma simples ordem sua faria zarpar uma frota de quinhentos navios de guerra e poria em movimento um exército de mais de cem mil homens. Os reinos vizinhos, porque o respeitavam e temiam, achavam mais prudente aliar-se a ele do que tê-lo como inimigo. Assim, ele pensava estar em seu auge quando sua vida sofreu uma brutal reviravolta: o povo de Siracusa, cansado da tirania, revoltou-se e alijou-o do trono. Dionísio foi obrigado a assistir à bárbara execução de sua mulher e de seus filhos, mas sua vida foi poupada, porque seus captores decidiram que, para ele, nascido e crescido numa casa real tão poderosa, uma vida humilhante e miserável no exílio seria um castigo bem mais duro do que a morte.

Dionísio foi desembarcado em Corinto, sozinho e sem dinheiro, onde logo se tornou uma verdadeira atração turística. Os gregos, sempre impressionados com esses exemplos da pequenez do homem diante da grande mão do destino, acorreram a Corinto para ver e falar com aquele infeliz, outrora rei poderoso, que agora passava seus dias no porto fazendo música com barbeiros e prostitutas e bebendo vinho barato nas tabernas do mercado. E quando alguém, por inveja, insinuava que, afinal, o convívio com Platão e os demais filósofos não tinha melhorado sua vida, ele explicava que só a filosofia o fazia suportar, daquela maneira, os golpes que tinha sofrido. Ela não o tinha deixado indiferente à perda de sua família ou de seu reino, nem fizera dele um submisso incapaz de reagir — mas lhe ensinou que a felicidade é precária e que é inútil o desespero quando aquilo que acontece não depende de nós.

Como um cão amarrado por uma longa corda a uma carroça em movimento, nós não temos muita escolha: ou tentamos nos opor à tração irresistível do veículo, ou trotamos no mesmo sentido, aproveitando, como pudermos, a relativa liberdade que o comprimento da corda nos dá. Levados pelo destino, lá vamos nós, como o cão, e quem aceita essa ordem universal que regula nossa vida — seja ela um deus, seja o acaso — finalmente entendeu nossa humana condição: aos que consentem, o destino apenas guia; aos que resistem, ele termina levando de arrasto.

13. O fim da inocência

Os gregos acreditavam que, no início dos tempos, todos os dias eram doces e agradáveis, sem o frio do inverno e a queda das folhas do outono, até que algo terrível aconteceu: numa tarde luminosa, a linda Perséfone divertia-se, com outras virgens, a fazer ramalhetes com as flores da campina; sua mãe, Deméter, a deusa dos frutos da terra fecunda, tinha se ausentado um instante, despreocupada — quando o solo se abriu perto da donzela e Hades, o senhor do Mundo dos Mortos, surgiu em seu carro negro, puxado por cavalos também negros. Sem diminuir a marcha, ele enrolou as rédeas no braço esquerdo e usou o braço livre para abraçar a indefesa jovem pela cintura, puxando-a para o carro, que voltou a mergulhar nas profundezas da terra.

Deméter chegou a ouvir o grito longínquo da filha, mas, quando chegou ao local, a fenda do solo tinha se fechado sem deixar traço e ela só encontrou as flores esparsas do ramalhete desfeito. Tomada pelo desespero, a deusa se pôs a vagar pelos campos e pelos montes, gritando o nome de Perséfone — e nem mesmo a chegada da noite a fazia parar, porque ela, empunhando uma tocha, continuava a varar a escuridão. A dor da busca infrutífera deixou-a desfigurada e envelhecida; arrastava os farrapos de seu manto encardido como se fosse uma miserável mendiga, e sua infinita tristeza comunicou-se à Natureza, fazendo definhar e morrer toda a vida vegetal do planeta.

Finalmente, uma ninfa apiedou-se dela e contou-lhe o que tinha ocorrido. Como o pai de Perséfone era Zeus, Deméter implorou a ele que fizesse a jovem voltar. Zeus sabia que Hades, seu irmão, estava enamorado de Perséfone e a queria como esposa, mas concordou em devolvê-la, desde que ela não tivesse comido nada no Mundo dos Mortos. Quando a jovem voltou para os braços da mãe, no entanto, ela já não era a mesma: tinha provado alguns grãos de romã oferecidos por Hades, na hora da despedida, e isso equivalia a uma cerimônia de casamento. Conciliador, Zeus lembrou a Deméter que a filha agora tinha marido e era uma rainha, mas permitiu que ela passasse, a cada ano, seis meses em companhia da mãe — que, até hoje, enche a terra de flores quando a filha vem visitá-la.

Este é um mito riquíssimo, que nos fala do surgimento das estações, da brutalidade dos homens, do amor sofrido das mães — mas também da perda da inocência como um fato necessário para a evolução de cada um. Perséfone cresceu; ao voltar do mundo subterrâneo, é agora uma deusa, como sua mãe. Deméter também cresceu: conheceu o sofrimento, a perda e a solidão; seu mundo, antes um alegre e homogêneo paraíso, ganhou outonos e invernos, e ficou mais rico e mais adulto. Nós também cresceremos, se nossa Deméter interior, que sonha inocentemente com uma existência controlada e harmoniosa, aprender que ninguém vai ser poupado dos riscos da própria vida.

14. A educação de Cupido

Embora os deuses romanos tivessem nomes diferentes dos deuses gregos, todos eram, no fundo, entidades muito parecidas. Em Roma, Zeus trocou o nome para Júpiter, sem deixar de ser o poderoso senhor do Olimpo; Hermes passou a se chamar Mercúrio, mas continuou a ser o mensageiro dos deuses, com asas no capacete e nas sandálias. Só no caso do Amor, no entanto, houve uma mudança significativa: Eros, o deus grego, o belo jovem casado com Psiquê, foi substituído por Cupido, que era um menininho rechonchudo, com a aparência inocente de nossos anjinhos de calendário.

Essa mudança de imagem, explicavam os poetas, combinava melhor com o caráter brincalhão e irresponsável do deusinho, sempre pronto a perturbar a serenidade da vida com as inesperadas paixões que provocava com suas flechas invisíveis. Em sua *Arte de amar*, Ovídio, o maior poeta latino, sugeriu que a única defesa contra esse temível e adorável inimigo seria educá-lo, domesticando-o por meio da poesia. Isso já tinha dado certo na educação de Aquiles, o grande herói da Guerra de Troia: seu tutor, o centauro Quíron, adestrou-o igualmente no manejo da lança e da lira, alegando que a música e a poesia eram indispensáveis para que o jovem guerreiro soubesse entender e exprimir os sentimentos que brotavam em sua alma adolescente.

A ideia, que parece ter fascinado a Antiguidade, continuou viva por toda a Idade Média, manifestando-se em inúmeras gravuras que representavam o Amor aprendendo a ler, até culminar, no Renascimento, com o quadro *A educação de Cupido*, uma das obras-primas de Correggio. Apesar da esplêndida nudez dos três personagens, a cena é inocente e familiar: o pequeno deus, com o rostinho sério, compenetrado, parece ler em voz alta o que está escrito no papel que lhe apresenta Hermes, seu professor. A seu lado, Vênus, a mãe, acompanha a lição, mas não olha para o filho; em vez disso, está voltada para nós, absorta e pensativa, talvez escolhendo as palavras para nos dizer que a educação de Cupido também é tarefa nossa.

Para que não fuja, quando vem nos visitar, o Amor precisa ser educado, ilustrado, enriquecido pelo que dele dizem os poetas e os artistas. É para isso que precisamos da Arte, pois só ela nos ensina a enxergar a vida de uma maneira mais rica, iluminada pela experiência que a espécie humana acumulou. Com ela, temos visões surpreendentes do que nem sequer imaginávamos — depois que se conhece Van Gogh, os girassóis nunca mais são os mesmos... Com ela, aprendemos o nome dos sentimentos e começamos a distinguir as nuances do que antes era um todo indistinto; com ela, em suma, mudamos e crescemos — e crescem nossas exigências. O Amor só ganha com isso.

15. Morrendo e aprendendo

Esta história da antiga tradição portuguesa começa como muitas outras que conhecemos: no interior de uma pobre choupana, um velho camponês, agonizante, vendo chegar sua hora derradeira, reúne à volta de seu leito todos os filhos, que colhem suas últimas palavras. É uma tarde cinzenta e escura de inverno, e a triste cena é iluminada apenas por um mirrado fogo que arde na lareira de pedra.

O pobre velho, angustiado, sente que vai morrer sem ter entre as mãos a vela tradicional, a luz que guia no escuro as almas que desencarnam, pois há muito se gastou o último toco de vela e não há tempo para recorrer ao vizinho distante. Nesse momento, o filho mais moço, pressentindo a agonia do pai, vai até a lareira e traz, na pá, um carvão incandescente e um punhado de cinzas. Espalmando a mão do velho, enche-a com as cinzas e depõe sobre elas o carvão luzente, que, dessa forma, não lhe queima a pele. Com os olhos brilhando de prazer, ao ver a engenhosa solução, o pai então aviva a brasa com um último sopro e despede-se deste mundo com um comentário satisfeito: "Morrendo e aprendendo!"

Afinal, sábio é o que nunca deixa de aprender. Cioran cria uma bela versão para os últimos dias de Sócrates: o filósofo já estava condenado à morte quando começou a aprender a tocar a lira. "De que vai adiantar?", perguntou-lhe um amigo, ao vê-lo lutar com o instrumento para extrair uma determinada melodia. Sócrates, que sabia que seus carrascos já lhe preparavam a cicuta que iria matá-lo, respondeu singelamente: "Ao menos, vou aprender a tocar esta melodia antes de morrer." A mesma coisa ocorreu em Roma, com o severo Catão, estadista famoso pelo rigor de seus princípios. Ele tinha passado toda a vida combatendo a influência dos autores gregos sobre a intelectualidade romana, temeroso de que o brilho da Grécia desvirtuasse o espírito e os costumes de Roma. No entanto, já avançado em seus 80 anos, resolveu mergulhar apaixonadamente no estudo da língua grega, tarefa que, em época alguma, pôde ser considerada simples. Aos que, surpresos, perguntavam por que ele tinha se proposto um trabalho tão pesado para um octogenário, ele respondia que tinha de aproveitar, porque, afinal, "hoje eu ainda estou mais jovem do que estarei amanhã".

16. Os vivos e os mortos

O maior músico de toda a mitologia foi Orfeu, filho da musa Calíope. Era amado e querido por todos, e dizem que até mesmo as feras, as árvores e as próprias pedras ficavam emocionadas com a doçura de sua voz e os claros sons de sua lira. Contudo, o destino geralmente não reserva uma vida feliz para os poetas, e sua mulher, a bela Eurídice, jovem ninfa da floresta, ao correr com pés ligeiros pela relva úmida do rio, foi mordida por uma serpente e não resistiu ao veneno mortal.

Orfeu, com o coração em pedaços, resolveu descer ao Mundo dos Mortos para tentar convencer Hades a reviver Eurídice por mais alguns anos. Entrando por uma caverna secreta em Tesprótis, Orfeu foi descendo para o mundo subterrâneo, abrindo caminho com sua música incomparável. Com ela, convenceu Caronte, o barqueiro do rio da Morte, a passá-lo para o outro lado; com ela, o feroz Cérbero, o cão de três cabeças que guardava a entrada do reino subterrâneo, veio mansamente lamber seus pés.

Tudo parou a sua volta, e uma multidão de almas silenciosas acorreu para ouvi-lo. Diante de Hades e de sua rainha, Perséfone, Orfeu implorou que tivessem piedade e deixassem Eurídice viver um pouco mais; afinal, eles não perderiam nada, porque ela um dia voltaria para aquele reino escuro, inevitável destino de todos nós.

Perséfone, comovida, lançou ao marido um olhar suplicante, e Hades então permitiu que Orfeu levasse Eurídice de volta, com a condição de que ele não se virasse para trás: se o fizesse, ele a perderia para sempre. E assim Orfeu começou a avançar pela trilha escarpada que levava à superfície, seguido, em silêncio, pela sombra de Eurídice, que caminhava com dificuldade por causa do ferimento no pé. Quando avistou a saída, na caverna já iluminada pela luz do dia, Orfeu então se voltou — mas ainda era cedo demais, e ele só teve tempo de ver o rosto entristecido de sua amada, que, com as mãos estendidas para ele, desapareceu para sempre na profunda escuridão.

Uma pergunta vem torturar todos aqueles, antigos ou modernos, que ouvem essa trágica história: se Hades tinha sido tão claro, por que Orfeu se virou? Por impaciência, por amor de mais, por medo de que lhe estivessem pregando uma peça? Se esperasse mais um pouco, o final seria outro? Pois eu aposto que não; os deuses gostavam dele e quiseram ajudá-lo a libertar-se desse amor que o puxou para o Mundo dos Mortos. Na verdade, Orfeu estava sozinho; não havia ninguém com ele em seu caminho de volta à superfície. Eurídice já não existia, a não ser na mente dele, mas sua sombra silenciosa o seguiria para sempre, se Hades, que conhecia os mortais, não tivesse incentivado, com sua proibição, que ele se virasse para trás e percebesse, finalmente, que Eurídice passara a ser apenas uma triste lembrança.

17. Cones e cilindros

Os antigos acreditavam que os oráculos eram representantes divinos; em Delfos, por exemplo, era o próprio Apolo, o deus da profecia, que falava pela boca da sacerdotisa. Pessoas de toda parte vinham em busca de seus conselhos e de suas previsões; o problema era que a maior parte das mensagens era obscura ou incompleta, com dupla interpretação.

Que o diga Creso, imperador da Lídia, que ficou famoso em todo o Mundo Antigo por seu lamentável equívoco: tomado pela obsessão de conquistar a Pérsia, foi a Delfos perguntar quais eram suas chances de vencer. Ao ouvir a resposta do oráculo — "Se Creso atacar a Pérsia, fará um grande império cair" —, encheu-se de entusiasmo e entrou com seus exércitos no território dos persas, sendo fragorosamente derrotado. Por sorte, sobreviveu; alguns anos depois, quando pôde voltar a Delfos para reclamar, ele é que foi repreendido pelo oráculo: se tivesse perguntado que império era esse, teria ficado sabendo que era o seu, e não teria se lançado naquela campanha absurda.

Quando os persas — sempre eles! — marcharam sobre a Grécia, na primavera de 480 a.C., as cidades gregas foram caindo uma a uma em seu poder. Os atenienses, percebendo que seriam o próximo alvo, enviaram mensageiros a Delfos para saber o que deveriam fazer. Nunca, talvez, o oráculo tenha sido tão claro: "Infelizes! Fujam para bem longe, enquanto é tempo, porque o fogo vai deixar suas casas e seus templos em ruínas!" Apesar do pânico que essas palavras despertaram, os mensageiros, num tom decidido, exigiram uma nova consulta; ou recebiam uma resposta mais propícia, ou ficariam ali, para sempre, até morrerem de fome e sede nas escadarias de Delfos.

O argumento foi convincente, pois o oráculo então revelou que ainda era possível salvar a cidade, desde que confiassem "nas muralhas de madeira" — que os atenienses interpretaram como uma alusão ao casco de madeira dos navios que tinham acabado de construir. Confiantes, atraíram os persas para um combate naval e os derrotaram perto de Salamina.

Se Apolo nunca é tão claro ou preciso quanto alguns gostariam, é porque ele conhece o segredo supremo que rege nossa existência: nada está predeterminado. O velho filósofo Heráclito foi o primeiro a compreender: "O deus que fala em Delfos não revela nem esconde a verdade — ele apenas acena." O resto é o homem que escolhe. Creso poderia ter feito a pergunta que não fez, e os mensageiros poderiam ter voltado para Atenas sem insistir na consulta — mas eles próprios elegeram seu destino.

É a antiga imagem do cilindro e do cone, à beira de um plano inclinado: mesmo que ambos recebam impulso idêntico, eles vão descer a rampa de maneira diferente. Assim somos nós; os fatos estão aí, em sua realidade objetiva, mas a reação que eles provocam vai depender do caráter de cada um. Na curta ladeira da vida, uns vão descer como cones, outros como cilindros, mas tudo depende de nós. Os deuses só observam.

18. Arriscada travessia

Quando Jasão se apresentou como herdeiro do reino de Iolco, seu tio, que havia se apossado do trono, decidiu livrar-se para sempre desse incômodo sobrinho, mandando-o numa missão impossível, da qual ninguém havia retornado: trazer a pele dourada de um carneiro divino, que estava pregada numa árvore na distante Cólquida, sob a guarda de um dragão. Jasão não se intimidou e construiu um navio especial, o Argo, preparando aquela que seria a mais famosa expedição de toda a mitologia grega. De toda parte, ávidos de aventura, acorreram cinquenta heróis de primeira linha — entre eles, o próprio Hércules. Por causa do nome do navio, os membros dessa tripulação incomparável ficaram conhecidos como os lendários Argonautas.

Muitos perigos mortais se escondiam em seu trajeto, mas o pior de todos espreitava por eles na entrada do mar Negro: ali, como um portal dos infernos, duas ilhas flutuantes se entrechocavam com grande estrondo, despedaçando todos os navios que tentavam passar por entre elas. Eram as Simplégades, os terríveis rochedos azuis, e todo marinheiro sabia que jamais um ser vivo tinha conseguido atravessar o estreito desfiladeiro que se abria por alguns instantes entre as duas paredes escarpadas.

À medida que o Argo foi se aproximando da passagem, o ruído ficou tão ensurdecedor que abafou todas as vozes, e a água do mar, com a gigantesca pressão das duas massas rochosas, parecia ferver junto ao casco do navio. Debaixo de uma verdadeira chuva de água salgada, a poucos metros da entrada, os homens empunharam os remos com mais firmeza e ficaram à espera do comando de Jasão; ele então soltou nos ares uma pomba branca, que se lançou como uma flecha pelo desfiladeiro. Os dois rochedos se fecharam como imensas mandíbulas, mas não conseguiram pegá-la — e os Argonautas a viram erguer-se no céu, sã e salva, do outro lado, tendo deixado para trás apenas algumas peninhas da cauda. Quando as duas rochas começaram a se afastar novamente, Jasão deu o sinal e todos começaram a remar com determinação para não perder a oportunidade que se abria a sua frente. Ajudado pela água que era aspirada para o estreito, o Argo tomou impulso e conseguiu atravessar, saindo bem a tempo de escapar do novo choque. As bordas afiadas de granito ainda conseguiram decepar a figura que enfeitava sua popa, mas ele agora navegava em águas livres.

E lá se foram os cinquenta heróis, prontos para novos desafios, cheios dessa coragem que tanta falta faz a nós outros, argonautas vacilantes, indecisos e medrosos diante do mar revolto desses estreitos perigosos — esquecendo, talvez, que a vida é formada por travessias arriscadas, e que só no fim da viagem, na passagem derradeira, os rochedos finalmente vão estar imóveis, deixando nosso navio deslizar mansamente em direção ao silêncio eterno daquela praia infinita de onde um dia zarpamos.

19. O silêncio das cigarras

Foi só na famosa fábula de La Fontaine que as cigarras, contrastadas com as laboriosas formigas, ganharam a má fama de doidivanas irresponsáveis. Na Antiguidade, porém, sua imagem era muito diferente, pois elas, assim como as abelhas, eram os insetos mais adorados pelo homem. Platão recorre a um mito para explicar sua origem: quando as Musas cantaram pela primeira vez neste mundo, os mortais ficaram tão extasiados que muitos deles deixaram de comer e de beber para se dedicar de corpo e alma à música, e sua entrega era tal que eles foram morrendo sem se dar conta. As Musas, comovidas com tamanha dedicação, transformaram-nos em cigarras, dando-lhes o privilégio de sobreviver sem alimento algum e a missão de apregoar, da manhã à noite, que a arte é um presente divino. Ao morrer, voltavam até as deusas para apontar os homens que mais cultuavam a música, a dança e as artes.

Muitas crendices antigas se dissiparam. Hoje sabemos que elas só aparecem no verão e não duram mais que um mês, apesar de suas larvas sobreviverem por anos enterradas no solo; o encontro de uma cigarra com uma formiga, em pleno inverno, como mostra a fábula, é pura fantasia de La Fontaine. Elas não vivem de ar, mas se alimentam da seiva das plantas em que ficam pousadas, sem que, para isso, precisem interromper seu canto, que vai do raiar do dia até o crepúsculo.

Todavia, ninguém ainda sabe muito bem por que elas cantam sem parar enquanto o sol está no céu. O que anunciam essas mensageiras divinas? Uns dizem que é simplesmente o apelo que os machos usam para atrair as fêmeas. Jean-Henri Fabre, o poeta e entomologista francês, diz que pode ser isso — mas não só; assim como o cricri dos grilos e o coaxar das rãs, o chiar das cigarras é também uma forma particular de expressar a alegria de viver, aquela "alegria universal que cada espécie animal celebra a sua maneira". O que as faz cantar é, na verdade, o simples prazer de existir — e as fêmeas, com sua natural sabedoria, sentem-se atraídas por essa demonstração de puro entusiasmo pela vida.

Um grande mistério, porém, ainda envolve aquele momento impressionante em que todas elas se calam, juntas, subitamente, naquele uníssono de silêncio que sempre nos inquietou. Quem o conhece, sabe: é o silêncio atordoante das cigarras que, de tempos em tempos, parecem querer lembrar a si e às outras o breve e glorioso destino de toda a sua espécie: "Ouçam! Este é o silêncio que nos aguarda, lá adiante! Ouçam bem, para não esquecer. Depois, reúnam toda a força que tiverem e voltem a cantar, porque as deusas que nos deram a vida não nos permitem saber quando chegará, finalmente, o crepúsculo de nosso último dia."

20. Uma joia muito rara

Todos nós queremos ser felizes; Pascal já dizia, com certa ponta de humor, que esse é o motivo de todas as ações humanas, mesmo daqueles que estão pensando em se enforcar. Os gregos também consideravam a felicidade como o bem mais precioso, mas faziam uma distinção essencial: para os deuses, que viviam rindo e festejando, ela era eterna e inesgotável; para os mortais, no entanto, além de extremamente rara, era frágil e delicada como o cristal, sempre ameaçada pelo acaso e pelos reveses da fortuna.

O triste fim de Creso, rei da Lídia, dono de uma riqueza lendária, tornou-se o exemplo preferido de todo o mundo antigo. Quando Sólon, um dos sábios da Grécia, visitou sua corte, Creso lhe havia perguntado, orgulhoso, se conhecia alguém mais feliz do que ele. Sólon poderia ter criticado a vaidade do rei, mas preferiu adverti-lo para a instabilidade da condição humana: "Só na hora da morte podemos dizer se alguém foi feliz ou não. Para chegar aos 70, um homem terá de viver 25 mil dias — e ninguém pode saber o que cada dia trará!"

Creso tinha ignorado essa resposta, considerando-a como uma simples impertinência do filósofo, mas só foi compreender seu significado quando, muitos anos depois, seu exército foi derrotado pelos persas comandados por Ciro. Ferido, humilhado, o rei foi amarrado sobre uma pilha de lenha para ser queimado vivo; quando o fogo começava a crepitar junto a seus pés, olhou para o céu e bradou, arrependido: "Sólon! Oh, Sólon!" Ciro, intrigado, mandou o intérprete perguntar quem era esse deus desconhecido que o prisioneiro estava invocando; quando soube que era um dos Sete Sábios da Grécia e se inteirou do que ele havia dito, suspendeu a execução, pois tinha visto a si mesmo na figura lastimável de Creso, um homem que tinha sido, um dia, tão poderoso quanto ele.

Além de precária, a felicidade pessoal era vista no passado como um bem escasso, cujos quinhões eram distribuídos a uns e negados a outros ao capricho da sorte e do destino. "O mundo não prometeu nada a ninguém", dizia um velho provérbio, resumindo essa ideia que, até o século XVIII, era compartilhada por todos, do monarca ao lavrador. A Revolução Francesa, no entanto, mãe da sociedade democrática moderna, levou-nos a acreditar ingenuamente que todos podem ser felizes, desde que haja o esforço suficiente de nossa parte e de nossos governantes. Foi perseguindo essa inocente ilusão que as utopias modernas idealizaram uma felicidade coletiva proporcionada pelo Estado, sonho que fracassou em toda parte por sua inevitável vocação totalitária. Ironicamente, o capitalismo transformou essa bandeira no verdadeiro motor de nossa sociedade de consumo, que vende — muito mais que as mercadorias — a crença perversa de que qualquer pessoa pode comprar o necessário para ser feliz.

Nessa visão distorcida, o sofrimento passou a ser visto como um escândalo, e a felicidade deixou de ser o sentimento efêmero e delicado que sempre foi para se tornar mercadoria obrigatória. Oh, Sólon! Quando poderias imaginar uma sociedade doente como a nossa, em que a obsessão de ser feliz passou a ser uma das maiores causas de nossa infelicidade!

21. A nudez de Afrodite

A famosíssima Frineia, apesar de ser uma simples cortesã, pertence à galeria dos personagens inesquecíveis do mundo grego, ao lado de poetas, filósofos e grandes estadistas. Ela era especial; ao contrário das outras, que passeavam com túnicas completamente transparentes para exibir cada detalhe do corpo, Frineia usava um manto comum para manter sua beleza escondida dos olhares indiscretos. A ninguém, a não ser para os íntimos, mostrava seus braços ou seus ombros magníficos, e jamais frequentou os banhos públicos, hábito tão em voga em seu tempo.

Conta a lenda que, certo dia, nas grandes festas dedicadas a Posêidon, em Elêusis, diante de milhares de participantes vindos de todos os pontos da Grécia, ela avançou no meio da multidão reunida junto à praia e ali, no ponto em que o mar encontra a areia, sem dizer palavra, desamarrou o cinto, deixou cair o manto a seus pés e entrou lentamente na água — completamente nua, a não ser pelo longo cabelo solto, que desceu em ondas até os quadris. Entre os espectadores maravilhados com aquela cena estava Praxíteles, o mestre escultor de Atenas, que imortalizou aquela visão quase divina ao transpor as formas de Frineia para o mármore polido da famosa estátua de Afrodite de Cnido, tornando-se o primeiro escultor a desnudar completamente o corpo da mulher.

Antes dele, tanto as deusas quanto as simples mortais apareciam sempre vestidas, e os artistas mais ousados se limitavam a representá-las usando vestes molhadas, coladas ao corpo, para realçar suas formas. Praxíteles, inspirado em Frineia, fixou com sua Afrodite o modelo quase definitivo de nu feminino na arte ocidental — o da vênus pudica, ou seja, da mulher que tenta esconder sua nudez ao ser surpreendida sem a roupa. Apesar de alguma eventual variante, a imagem clássica pode ser vista no quadro *Nascimento de Vênus*, de Boticelli, em que Vênus (como Afrodite era chamada em Roma) cruza um braço a sua frente para ocultar os seios, enquanto mantém o outro baixado, de modo a deixar a mão à altura do púbis — uma atitude que, como se vê, atrai irresistivelmente nosso olhar para os pontos que estão sendo escondidos.

Não foi por acaso que a posteridade elegeu a Afrodite de Praxíteles como o símbolo do pudor, esse ingrediente indispensável para que exista o erotismo. Afinal, ela era a deusa do amor e devia entender muito bem que sem a luz não existe a sombra, e que, sem esse jogo tão feminino de esconder o que depois vai mostrar, nós todos — homens e mulheres — não conheceríamos aquele momento mágico de transgressão e de vertigem em que o manto de Frineia finalmente cai no chão.

22. A vingança da Hidra

De todos os seres estranhos com que Hércules lutou, o mais traiçoeiro foi a Hidra, uma terrível serpente que vivia no pântano de Lerna. Ela tinha nove cabeças e era tão venenosa que até seu hálito matava. Ao enfrentá-la, Hércules percebeu que uma cabeça decepada dava origem a outras duas, e usou uma tocha para cauterizar, um a um, os pescoços que cortava. A última cabeça era imortal, e ele a enterrou, ainda sibilante, debaixo de uma rocha pesadíssima; depois, para aproveitar o veneno, embebeu a ponta de suas flechas no sangue negro que escorria da carcaça do monstro.

Um dia, muitos anos mais tarde, Hércules e sua mulher, Dejanira, chegaram a um rio profundo, junto ao qual morava um centauro, Nesso, que prometeu ajudá-los a atravessar. Dejanira foi primeiro, mas o centauro tentou violentá-la assim que pisou em terra firme. Hércules, da outra margem, despediu uma flecha certeira que atingiu o peito do agressor, inoculando-lhe o veneno da Hidra. Agonizante, Nesso ainda convenceu Dejanira de que o sangue de sua ferida tinha poderes mágicos e que ela devia guardar um pouco para usar no dia em que sentisse que o marido deixara de amá-la — o que, é claro, ela se apressou em fazer.

Esse dia chegou logo, pois, para a tristeza de Dejanira, Hércules anunciou que estava casando outra vez e que a nova esposa, uma jovem princesa, viria morar sob o mesmo teto que ela. Como ele tinha mandado um mensageiro para buscar sua túnica de cerimônia, Dejanira esfregou-a com uma bucha de lã embebida no sangue de Nesso e a encerrou numa pequena arca, recomendando expressamente que não a expusessem à luz do sol até a hora de usar. Quando o mensageiro já ia longe, ela viu que o chumaço de lã que tinha jogado pela janela estava em chamas, formando uma escuma vermelha que corroía as pedras do pátio. Percebendo a armadilha, ainda tentou avisar o marido, mas era tarde demais: envergando a túnica, Hércules acendeu a fogueira do sacrifício, e o calor das chamas fez o resto. Com um grito súbito, começou a retorcer-se de dor, enquanto o ácido corrosivo escorria até os pés. O tecido colou em sua pele, e cada pedaço que ele arrancava expunha sua carne sangrenta; desesperado, mergulhou nas águas de um riacho, mas o veneno não parou de queimar. Finalmente, em agonia, atirou-se na fogueira, que consumiu seu corpo, sendo sua alma recolhida pelos deuses do Olimpo.

Lá no pântano, em Lerna, debaixo do frio rochedo, a cabeça enterrada agora ostentava um sorriso — não de escárnio ou de triunfo, mas o mesmo sorriso impassível com que a esfinge, em seu eterno deserto, olha para nós, tão precários. Em seu silêncio misterioso, talvez esteja dizendo que, se tivermos coragem, podemos enfrentar essas criaturas terríveis que vivem no lado escuro da mente, podemos eliminar suas cabeças, impedir que se multipliquem — mas elas lá estarão, à espreita, em sua espera incansável.

23. Ali onde a luz não chega

Os gregos nunca representavam Atena, a deusa da sabedoria, despida ou com roupas transparentes. Ao contrário; quando nasceu da cabeça de Zeus, ela já veio adulta, envergando uma armadura completa por cima da alva túnica. Era bela e atraente, mas fez ouvidos surdos às propostas de seus pretendentes, obtendo de seu pai a permissão para se manter eternamente virgem.

Um dia, porém, quando se banhava numa fonte quase secreta do monte Hélicon, foi surpreendida pelo jovem Tirésias, que ficou extasiado com sua nudez; a deusa, então, num gesto rápido, colocou as mãos sobre os olhos dele e deixou-o irremediavelmente cego. Quando ficou sabendo que ele era o filho de Cáriclo, sua ninfa favorita, era tarde demais para arrepender-se. Cáriclo suplicou-lhe que devolvesse a visão a Tirésias, mas Atena nada mais podia fazer — esse castigo cruel não tinha sido ideia sua, mas era ditado por uma velha lei de Cronos, o pai dos deuses do Olimpo, que mandava punir assim todo mortal que visse o que não deveria ter visto. A deusa, porém, condoendo-se do jovem cego, deu-lhe o dom da profecia e forneceu-lhe um cajado de madeira de freixo com poderes mágicos, que o guiaria como se ele ainda pudesse enxergar.

Havia outra versão para a cegueira do famoso adivinho: um dia ele tinha encontrado duas serpentes que se acasalavam e tentou matá-las com um golpe de seu cajado. No entanto, feriu apenas a fêmea e foi, por isso, transformado numa mulher, vivendo assim por sete anos, até que, encontrando o mesmo casal, ele feriu o macho e voltou a ser um homem. Por isso, quando Zeus quis provar a Hera, sua esposa, que o prazer dela era muito mais intenso que o dele, os dois concordaram que não havia ninguém mais adequado que Tirésias para encerrar aquela discussão.

"Do prazer, o homem aproveita uma parte, enquanto a mulher aproveita três vezes três!", ele respondeu, com sinceridade — ao que Hera, sentindo-se traída, tirou-lhe a visão para sempre. Zeus, então, para compensar a cegueira, garantiu-lhe muitos séculos de vida, deu-lhe o dom da profecia e prometeu que ele conservaria sua lucidez mesmo no Mundo dos Mortos.

O aviso está bem claro, seja qual for a versão: a natureza feminina é um dos mistérios da vida que ninguém, homem ou mulher, irá jamais desvendar. Temos de admitir que existem essas regiões cobertas por uma espessa névoa eterna em que a luz da razão não penetra — e não por uma ignorância temporária que nós, simples mortais, possamos um dia superar, mas pela impossibilidade de cruzar racionalmente essas fronteiras, que parecem se afastar quanto mais nos aproximamos.

24. A vida lá fora

Aristóteles, um dos mais célebres filósofos de todos os tempos, foi professor e tutor do lendário Alexandre Magno. Nunca houve mestre e discípulo tão ilustres, e a fascinante história dessa relação foi contada de tantas maneiras diferentes que já não distinguimos o que é fato do que é apenas fantasia — como é o caso de uma picante historieta que desfrutou de imenso sucesso em toda a Europa medieval e que aparece representada nos vitrais coloridos de inúmeras igrejas do período.

Ao que parece, Aristóteles um dia cometeu a tolice de sugerir a Alexandre que se afastasse de Fílis, sua bela e jovem namorada, para se concentrar mais nos estudos. Alexandre ficou aborrecido e, como era de esperar, acabou contando a ela tudo o que o mestre dissera. Fílis então resolveu agir. No outro dia, como de hábito, ao raiar do sol, Aristóteles já estava estudando na biblioteca do castelo, quando, por uma das janelas que davam para o jardim, ouviu a voz de Fílis, que cantarolava despreocupadamente. Ao se aproximar da janela — a biblioteca ficava no térreo —, avistou a moça, que passeava com os pés nus na relva úmida, os cabelos ainda molhados do banho, com a túnica desamarrada na cintura entreabrindo-se a cada passo que ela dava. A história diz que Aristóteles perdeu a compostura, mandou a filosofia às urtigas e quase se precipitou janela afora, completamente enfeitiçado por aquela figura tão sedutora. Pediu que ela se aproximasse e implorou-lhe que se entregasse a ele, nem que fosse uma vez só. Ela disse que só o faria em troca de um pequeno capricho: o filósofo tinha de se pôr de quatro no jardim e deixá-la passear montada em suas costas, como um cavalo mansinho.

Em menos tempo do que se pronuncia "metafísica", o mestre já estava lá fora, com mãos e joelhos no chão, em posição de desfile; a moça colocou-lhe na boca um freio de seda vermelha, montou nele e começou a conduzi-lo pelo jardim, fazendo evoluções entre os canteiros, entoando uma canção de triunfo. Era a deixa para Alexandre abrir sua janela, que ficava no segundo andar, e simular uma escandalizada surpresa diante do que estava vendo: "Mas, mestre, como pode ser isso?" Aristóteles, apanhado em flagrante, ainda tentou usar a cena para dar mais uma lição a seu pupilo: se ele, sábio e experiente, tinha se tornado um simples joguete nas mãos daquela mulher, o que se poderia esperar de um jovem impetuoso como Alexandre?

Apesar de ser pouco verossímil, essa história contém alguma coisa que até hoje nos encanta. Em parte, é o secreto prazer de ver o mundo virado do avesso, com o grande mestre Aristóteles reduzido a uma cavalgadura. Em parte, também, é a confirmação, cheia de malícia, de que a mulher e a Natureza formam, juntas, a força que comanda o planeta. Por último, parece um exemplo perfeito para a frase que penso ter lido em Montaigne: "Várias vezes recomecei meus estudos de metafísica, mas sempre foram interrompidos pela vida."

25. A escolha de Páris

Para a mitologia grega, a guerra de Troia teve origem num inesquecível concurso de beleza entre as deusas mais importantes do Olimpo. Deuses e homens confraternizavam numa alegre festa de casamento quando Éris, a deusa da discórdia — que não havia sido convidada exatamente por sua fama de desmancha-prazeres —, fez rolar suavemente no recinto uma maçã de ouro em que vinham gravadas três palavras venenosas: "À mais bela." Não era necessário mais que isso para provocar uma discussão generalizada, finda a qual só restaram três poderosas candidatas — Atena, Hera e Afrodite —, que foram pedir a Zeus, o senhor do Olimpo, que servisse de juiz.

Zeus, no entanto, que era astuto demais para se deixar envolver em armadilha tamanha, alegou que não podia interferir numa disputa que tinha como interessadas suas filhas e sua mulher, e ordenou que procurassem Páris, jovem e belo pastor troiano, porque a ele caberia decidir quem merecia o troféu. Estava para nascer uma cena que sempre fascinou o Ocidente: sozinho no monte Ida, cuidando de seu rebanho, Páris subitamente as viu chegar, maravilhosas, e ficou sabendo que Zeus o tinha incumbido de eleger a mais bela. Pressentindo que a decisão, qualquer que fosse a vencedora, iria lhe trazer duas poderosas inimigas, ele ainda tentou recusar aquele perigoso privilégio que inverte a ordem do Universo, pois são os deuses que devem julgar os mortais, e não o contrário — mas tudo foi em vão; uma ordem de Zeus não podia ser contestada.

Percebendo a hesitação do jovem, as três, que eram mulheres antes de ser deusas, tentaram seduzi-lo com promessas. Para ser a escolhida, Hera lhe ofereceu o poder absoluto sobre toda a Ásia e a Europa; Atena, por sua vez, disse que podia lhe dar toda a sabedoria passada e futura; Afrodite, no entanto, se limitou a lhe prometer o amor de Helena, rainha de Esparta, a mais bela mulher do mundo. Páris, como sabemos, escolheu Helena, que seria o pivô da guerra de Troia, atraindo sobre si e sobre os troianos o ódio e a perseguição implacável das duas deusas preteridas.

Nunca chegaremos a um acordo sobre o significado desta história. Para uns, ela simboliza o triunfo do Amor (com um solene "A" maiúsculo) sobre a sede de fama e poder. Para outros, lembra que o homem está sempre condenado a escolher — inexorável e inutilmente, porque, de um jeito ou de outro, vai acabar sendo vítima das forças que desprezou. Para outros, enfim, ela retrata simplesmente aquele momento pungente e atordoante em que nos rendemos ao mistério da beleza, naquele ponto originário em que os filósofos se calam e os poetas começam a cantar.

26. Enganos e desenganos

Em muitas de suas conquistas, Zeus, o grande senhor do Olimpo, disfarçou-se de animal — ora cisne, ora águia, ora touro. Com Alcmena, no entanto, que viria a ser a mãe de Hércules, ele agiu diferente: ela era casada com o digno Anfitrião, general tebano, que tinha se afastado de Tebas para lutar na Beócia. Terminada a guerra, faltavam ainda alguns dias para ele chegar de volta a casa, quando o ardiloso Zeus assumiu sua aparência e se apresentou a Alcmena, que de nada desconfiava. Encantada com seu regresso triunfante, ela recebeu o impostor como se fosse o marido e sufocou-o com seus beijos e abraços. Como Zeus queria tranquilidade para desfrutar os prazeres de sua nova conquista, mandou que Hélios, o deus do Sol, ficasse dois dias sem aparecer, e ordenou a Hípnos, o deus do Sono, que deixasse o mundo dormindo durante todo esse tempo — passando assim uma longuíssima noite nos braços de Alcmena.

Quando, depois de tudo, o verdadeiro Anfitrião chegou em casa, estranhou muito que a mulher não quisesse ouvir a história de suas façanhas nem estivesse disposta a recebê-lo no leito, alegando que depois de tudo o que haviam feito na noite anterior precisava desfrutar de uma merecida trégua. Desconfiado, Anfitrião consultou o adivinho Tirésias, que lhe revelou que Zeus tinha honrado seu lar com uma visita divina.

Embora pareça tão improvável na vida real, esse engano com o parceiro foi aproveitado por Plauto, por Molière, por Shakespeare, pelas óperas de Mozart, pelas *1001 Noites*; no cinema, foi usado mais de mil vezes. Ora, como não ver que o outro era um impostor? Afinal, não é na cama que tudo fica desvendado, que não há subterfúgios, não é ali que ninguém engana ninguém? Pois quanto a isso, ao que parece, há opiniões bem opostas: para uns, é ali mesmo, na fulgurante penumbra do sexo, que a verdade aparece, pois as fantasias e as ilusões que encobriam nosso parceiro se dissipam ao longo da noite, fazendo-nos despertar ao lado da realidade. Quantas Alcmenas foram dormir com um deus e acordaram com um animal? (O inverso também pode ocorrer, mas é bem mais raro.)

Para outros, ao contrário, *é* na cama que mais nos iludimos; mentimos sobre nós mesmos, mentimos sobre nosso parceiro e não somos capazes, no escuro, de saber quem é o impostor — se eu, se ele ou se ambos. Para outros, enfim — estes talvez mais sabidos —, há locais mais adequados do que a cama para buscar a verdade, pois ali é o lugar privilegiado onde a realidade da pele se junta com a criatividade e a fantasia do cérebro, nosso órgão sexual por excelência.

27. A borboleta e a chama

Apolo, o mais belo de todos os deuses do Olimpo, decididamente nunca teve muita sorte com as mulheres que amou. Ele era jovem, atraente, dono de um porte elegante e de uma voz encantadora, mas parecia não ter muito sucesso com as eleitas de seu coração. Algumas literalmente fugiram dele: a ninfa Castália correu o quanto pôde, até transformar-se numa fonte cristalina e inspiradora, no monte Parnaso, onde está correndo até hoje; a bela Dafne, que Apolo também perseguiu, implorou aos deuses que a transformassem num frondoso loureiro, antes que ele a alcançasse. Outras não recorreram à velocidade das pernas, mas usaram outros meios, igualmente eloquentes, para que Apolo entendesse que ele não as possuiria. Corônis ofendeu-o ao trocá-lo por Ísquis, um simples mortal que morava na Arcádia. Cassandra, princesa de Troia, enganou-o com promessas até que ele lhe desse o desejado dom da profecia; então, como costumavam fazer as maldosas mulheres daquela época remota, dispensou-o com um sorriso e a promessa de que sempre seria sua amiga. Marpessa, disputada por Apolo e por Idas, príncipe da Messênia, foi ainda mais clara: quando Zeus a mandou escolher entre os dois, ela preferiu o mortal. "Apolo não me serve como parceiro", disse ela. "Para um deus, o tempo não passa; para os humanos, porém, cada hora deixa a vida mais curta."

Destino bem diferente foi o de Clítia, ninfa das águas, uma das filhas de Tétis e Oceano. Desprezada por Apolo, com quem teve um breve romance, viu-se tomada de tal paixão que perdeu a vontade de viver. Com o semblante transtornado e os cabelos em desalinho, afastou-se do convívio alegre das outras ninfas e foi se sentar na terra nua, no lugar mais solitário da campina. Ali, no raiar de cada manhã, ela esperava que Apolo apontasse no horizonte, dirigindo o carro do Sol, e dali mesmo ela seguia sua luminosa trajetória no azul do firmamento, até que o manto da Noite viesse cobrir o Universo. Ovídio, que nos conta essa triste história, diz que por nove dias e noites ela ficou assim, imóvel, sem sentir fome nem sede, nutrida apenas pelo orvalho e pelas lágrimas que derramava — quando então os deuses, por piedade, transformaram-na no girassol, que até hoje acompanha nos céus a passagem de seu amado. Tinha sido ingênua o bastante para crer naquele amor impossível entre ela, que vivia na planície, e Apolo, que brilhava entre os astros. As outras, porém, bem gregas em sua prudência, tinham resistido ao fascínio do deus, por intuírem, decerto, que por trás de toda aquela luz espreitava a mesma atração pela morte que arrasta a borboleta em sua louca paixão pela chama.

28. Não tem como esconder

Midas, o rei da Frígia, era aquele sujeito atrapalhado que ousou afirmar que a flauta tocada pelo sátiro Marsias era muito mais melodiosa que a harpa tocada por Apolo, o deus da música. Furioso com a afronta, Apolo fez as orelhas de Midas crescerem, longas e peludas, até se transformarem em legítimas orelhas de burro; envergonhado, o rei enfiou na cabeça um daqueles barretes vermelhos que os camponeses frígios costumavam usar e escondeu as orelhas tão bem que ninguém percebeu a mudança. Ao cabo de um ano, contudo, seu cabelo tinha crescido tanto que ele teve, muito a contragosto, de convocar um barbeiro ao palácio.

Com um ar ameaçador, Midas conduziu-o a uma peça sem janelas e aferrolhou a porta por dentro. Quando removeu o barrete e as longas orelhas ficaram à mostra, o barbeiro, aterrorizado, achou melhor trabalhar com suas tesouras sem fazer nenhum comentário. Ao terminar, Midas avisou-o de que aquilo tudo era segredo de Estado; se contasse a alguém, o carrasco real ia separar sua cabeça do corpo — ao que o barbeiro, aparentando indiferença, retrucou: "Não sei do que Vossa Majestade está falando; eu nada vi nesta sala que já não tivesse visto antes." O rei ficou tão satisfeito com a resposta que pagou-lhe o corte cem vezes mais do que valia, e o barbeiro saiu do palácio com as pernas bambas, percebendo que tinha estado muito perto da própria morte.

Pouco a pouco, contudo, o segredo tornou-se tão insuportável que ele acabou ficando ainda mais infeliz do que Midas. Precisava contar a alguém, dividir esse peso, aliviar sua mente, mas continuou a sofrer em silêncio por temer a espada do carrasco. Um dia, porém, teve uma súbita inspiração: afastou-se o mais que pôde da cidade e lá longe, numa curva deserta do rio, cavou um buraco na margem, ajoelhou-se na areia úmida e sussurrou, três vezes: "Midas tem orelhas de burro!" Depois, aliviado, repôs a terra cuidadosamente, cobrindo assim as perigosas palavras que tinha proferido, e afastou-se em silêncio.

Acontece que bem ali, naquele ponto, nasceu uma touceira de juncos, que, na primavera seguinte, quando o vento agitava suas hastes flexíveis, repetiam o segredo que tinha sido confiado à terra: "Midas tem orelhas de burro!" — e o vento espalhou o segredo pelos campos, e os campos o repetiram para os cascos dos cavalos que passavam por ali, na direção da cidade, e a cidade o repetiu nas esquinas, nas feiras e no mercado, até que todos os habitantes do reino se inteirassem da notícia.

Não é uma fábula de Esopo, mas parece — e a moral é evidente: tolo é todo governante que pensa poder ocultar, com dinheiro ou favores, suas orelhas de burro, pois bem mais cedo do que ele imagina o vento trará à cidade os segredos que ele tenta em vão ocultar.

29. Da taça aos lábios

Anqueu, filho de Posêidon, era um dos heróis que tripulavam o navio dos Argonautas, na lendária viagem de Jasão em busca do Velocino de Ouro. Quando Tífis, o timoneiro, morreu de uma doença misteriosa, foi Anqueu o escolhido para assumir seu lugar, pois, sendo filho do deus do mar, conhecia mais do que ninguém o lugar das estrelas no céu e o ritmo oculto das marés. Guiado por sua mão segura, o navio Argo foi e voltou da distante Cólquida, ingressando para sempre na galeria dos mitos imortais.

Quando Anqueu voltou para seu reino em Samos, a vindima daquele ano estava praticamente concluída, e os intendentes do palácio apresentaram-se com uma excelente notícia: a parreira que ele tinha plantado com as próprias mãos, alguns anos antes, tinha produzido uva abundante, e o primeiro vinho feito com ela estava pronto para ser bebido. Para Anqueu, essa era uma notícia realmente especial, pois assim se desfazia a sombra de uma estranha maldição que pairava sobre ele: um de seus servos, revoltado com o árduo trabalho do plantio, havia predito que ele não viveria o bastante para provar o produto daquele vinhedo. Agora, porém, o vinho estava ali, ao alcance de sua mão, na taça cheia que lhe estenderam.

Com um sorriso triunfante, Anqueu ergueu-a na luz para apreciar o belo tom sanguíneo da bebida; depois, levou-a junto às narinas e aspirou o perfume quase selvagem da uva, que lhe trouxe à lembrança as encostas ensolaradas de sua ilha. No entanto, antes de tomar o primeiro gole, mandou trazerem a sua presença o servo que o amaldiçoara. "Olha bem", disse ele, "vou engolir tua profecia juntamente com este vinho!" O servo, contudo, não se deu por vencido: "Senhor, lembra-te que da taça até os lábios muita coisa pode acontecer!" Nesse momento, com efeito, entrou um lavrador esbaforido, gritando que um grande javali estava destruindo as plantações. Sem hesitar, Anqueu depôs a taça sobre a mesa, pegou a lança e saiu em seu encalço — para morrer minutos depois, com a artéria da coxa seccionada pela presa afiada do traiçoeiro animal.

Por que paraste, Anqueu? Por que foste perder tempo mandando buscar o escravo para te vangloriar, por que foste combater aquele estúpido javali? Como timoneiro, eras sábio para ler as estrelas e as profundezas do mar, mas ignoraste a mais antiga das regras: quando a vida, que nem sempre é generosa, resolve encher nossa taça, bebamos! Quando esse raro vinho está servido, não é hora de acertar contas antigas, não é hora de se preocupar com os negócios. É bebê-lo — ou perdê-lo para sempre, levando para a morte a tortura de não saber, afinal, que gosto ele teria na boca.

30. Não é o mesmo jogo

De algum lugar do Oriente — Índia, Pérsia ou China, não importa —, os árabes que ocuparam a Espanha no século VIII trouxeram consigo o jogo de xadrez, que logo se difundiu por todo o continente, conquistando até jogadores improváveis como os truculentos viquingues. Houve mudanças mínimas nas regras originais, mas, em sua essência, ele nunca deixou de ser o mesmo jogo: no território representado pelo tabuleiro de 64 casas, dois exércitos completos, com seus reis, rainhas, cavaleiros e peões, começam a se enfrentar a cada nova partida.

Por volta do século XII, surgiu na Espanha o jogo de **damas**, que alguns enxadristas da época chamaram desdenhosamente de "xadrez das mulheres", cometendo um preconceituoso erro de avaliação: o jogo de damas jamais tentou ser um substituto ou uma simplificação do xadrez. As peças são diferentes, seus movimentos são diferentes, as regras são muito diferentes — apenas o tabuleiro é o mesmo, certamente adotado por ser mais prático e econômico. Isso criou um inevitável vínculo entre os dois jogos, inclusive na maneira de comercializá-los: nos Natais de minha infância, eles sempre vinham juntos, numa espécie de dois em um compulsório, com as peças de xadrez e as pedras do jogo de damas misturadas na mesma caixa. Eu era apenas uma criança e achava isso um misterioso desperdício.

Só agora, muitos Natais depois, eu começo a desconfiar de que essa pode ser uma esclarecedora imagem de como o homem e a mulher se relacionam: ambos se encontram diante do mesmo tabuleiro, mas ele está jogando xadrez, enquanto ela joga damas! Dessa forma, pouco vai adiantar que ambos se esforcem e se empenhem para que a vida em comum dê certo. Tudo será em vão; como pensam que estão jogando o mesmo jogo, nenhum dos dois consegue compreender os movimentos que o outro faz — seja no orçamento doméstico, na educação dos filhos, na sexualidade ou no trabalho.

Ela então o acusa de não saber jogar, ele lamenta que ela jogue tão mal, e a vida deles passa a ser um inferno. A solução é simples, mas difícil de pôr em prática: os poucos casais felizes procuram se observar com interesse e respeito mútuo, estudando o jogo de seu parceiro e divertindo-se com as diferenças. Um deve procurar aprender as regras do outro, não para segui-las, mas para entender, finalmente, que é natural que existam muitos pontos importantes sobre os quais os dois nunca irão concordar, e que, sendo jogos distintos, nunca haverá vencedor — apenas o prazer de jogar.

31. O bem dos outros

Crocus foi um dos raros mortais que subiu aos céus e lá continua até hoje. Quando as nove Musas nasceram, foram entregues aos cuidados de Eufêmia, uma ninfa do monte Hélicon, que tinha acabado de dar à luz um menino; esse bebê era Crocus, e ela os criou todos juntos, como membros de uma grande família. Ele cresceu em meio à beleza — fosse nos bosques verdejantes, em que vagava com seu arco certeiro, fosse em casa, junto a suas meias-irmãs, quando as ouvia cantar. Para expressar a admiração que sentia por aquela música incomparável, ele se punha a bater palmas compassadas e com tal entusiasmo que até hoje é considerado o inventor dos aplausos. Ele era mortal, mas as Musas, agradecidas, pediram a Zeus que o levasse para o céu, onde brilha até hoje como a constelação do Arqueiro, que conhecemos como Sagitário.

Por sua vez, Momus foi um dos poucos deuses expulsos do Olimpo. Ele era a personificação da crítica, do escárnio e da reprovação. Uma velha fábula conta que Zeus criou o primeiro homem; Posêidon, o primeiro touro; Atena, a primeira casa. Como discutissem qual deles tinha feito o melhor trabalho, convocaram Momus para que servisse de juiz; este, no entanto, muito invejoso, despeitado com a habilidade de todos os três, tratou de encontrar defeitos na obra de cada um. Criticou Posêidon por não ter colocado os chifres do touro abaixo da linha dos olhos, para que o animal pudesse ver onde estava chifrando; criticou Zeus por não ter deixado uma janela de inspeção no peito dos homens, para que pudéssemos ver se traziam o Bem ou o Mal no coração; criticou Atena, enfim, por não ter dotado a casa de rodas de ferro, para permitir a seus moradores vagarem por onde quisessem. O cúmulo foi com Afrodite; chamado a opinar sobre sua beleza, Momus não encontrou um defeito, uma falha sequer que pudesse criticar e, em desespero de causa, reclamou que as sandálias dela rangiam quando ela caminhava. Não admira que Zeus o considerasse indigno de conviver com os olímpicos.

Pois o talento e a beleza alheia nos dividem entre o aplauso e a vaia. Há momentos, é verdade, em que aceitamos, como Crocus, abrir os olhos e os ouvidos para admirar alguém que está acima de nós por seus atos ou qualidades, sem nos sentir despeitados. Temos de confessar, no entanto, que somos humanos e não merecemos viver lá no céu. Na maior parte das vezes, o brilho e o sucesso de nossos semelhantes nos diminuem e nos deixam praticamente infelizes; agimos então como Momus, revelando-nos verdadeiros especialistas em buscar e apontar os defeitos, dando razão ao filósofo que admitia, corajosamente, que o bem dos outros nos entristece, mas seu mal só nos traz alegria.

32. Dentro do labirinto

Diziam os gregos mais sábios: "Não tente enganar os deuses, porque sua vingança é sempre terrível." Que o diga Minos, o rei de Creta! Ele havia prometido a Posêidon, o deus do mar, que a cada primavera sacrificaria em sua homenagem o touro mais bonito do rebanho. Assim o fez, até que, num determinado ano, seu melhor animal, um belíssimo touro branco, era tão magnífico que Minos resolveu sacrificar outro em seu lugar, esperando que o deus não percebesse a troca. Posêidon, furioso com a ousadia do rei, castigou-o de uma maneira singular: fez a rainha Pasífae enlouquecer de paixão por esse touro, entregando-se a ele como se fosse uma simples novilha. Dessa insólita união nasceu o Minotauro, um ser monstruoso com corpo humano e cabeça bovina, que denunciava para todos o obsceno adultério da rainha.

Para esconder sua vergonha, Minos mandou construir o labirinto, uma rede estonteante de corredores circulares que se entrecruzavam em vários níveis, como os túneis de um gigantesco formigueiro, e desembocavam em incontáveis encruzilhadas diferentes, mas absolutamente idênticas aos olhos do infeliz que as percorresse em busca de uma saída que nunca encontraria. Foi nessa sombria prisão que o rei encerrou, para sempre, o homem-touro, que vagava solitário pelos corredores de pedra, alimentando-se com a carne de jovens prisioneiros atenienses que eram forçados, todos os anos, a ingressar nas escuras galerias — até o dia em que Teseu, príncipe de Atenas, penetrou corajosamente no labirinto e matou o monstro, libertando seu povo daquele pesadelo.

Ao falar dessa criatura grotesca, escondida nas profundezas da Terra, o mito parece apontar para uma parte secreta de nós mesmos, para esse minotauro que desde a noite remota dos tempos habita as cavernas desconhecidas de nosso inconsciente. O problema é decidir o que vamos fazer com ele. Matá-lo, como fez Teseu com o Minotauro de Creta, nem pensar; isso seria matar uma parte de nós mesmos. Também é impossível ignorá-lo, pois o rugido selvagem de suas exigências serve para nos lembrar de que ele continua lá, oculto nas sombras, como uma fera à espreita. Renunciar simplesmente a qualquer viagem interior, desistir de qualquer exploração dessas regiões ignotas, como fazem alguns, também não vai nos poupar do temível encontro com o monstro, pois ele está em constante movimento e, mais cedo ou mais tarde, irá nos emboscar lá adiante.

O melhor a fazer é aceitar o convívio com ele e tentar atenuar um pouco sua ferocidade — como fez a Tia Nastácia, a risonha cozinheira do Sítio do Pica-Pau Amarelo, em sua aventura na Grécia. Ela se perdeu no labirinto de Creta, mas foi salva pelo sabor inimitável de seus famosos bolinhos fritos; quando Emília, Pedrinho e o Visconde desceram até lá para resgatá-la, encontraram um Minotauro mais gordo e significativamente mais manso. Estava quase domesticado e já não assustava ninguém.

33. Debaixo das cinzas

Os livros que os gregos e os romanos conheciam não eram planos como os nossos. As folhas, feitas de papiro, eram emendadas umas às outras até formar uma tira de vários metros de comprimento, enrolada em hastes de madeira para facilitar o transporte e a leitura; para acompanhar o texto, que vinha escrito em colunas estreitas, dispostas ao longo desta tira, o leitor ia enrolando de um lado e desenrolando do outro. As boas bibliotecas da época continham centenas desses rolos, mas poucos chegaram vivos até nós, porque a água e o fogo aliaram-se aos insetos, aos roedores e aos humanos ignorantes para fazer desaparecer, ao longo dos séculos, muitas obras importantes do passado, das quais só o nome nos restou. Para ter uma boa ideia dessa perda, basta lembrar que das cento e poucas tragédias escritas por Sófocles, apenas sete chegaram até nós — entre as quais, felizmente, *Antígona* e *Édipo Rei*.

Ironicamente, muitos desses textos perdidos podem ter sido preservados por uma das maiores catástrofes naturais da Antiguidade, a famosa erupção do Vesúvio, no 1º século da Era Cristã. A lama e a lava desse vulcão destruíram e soterraram a cidadezinha de Herculano, um aprazível balneário da aristocracia romana que ficava junto ao mar, na belíssima baía de Nápoles. E ali, na propriedade de Piso, um dos romanos mais ricos de seu tempo, ficou depositada, para sempre, a espetacular biblioteca organizada por Filodemo, o erudito grego que tinha sido tutor do grande poeta Virgílio. Contendo milhares de rolos, a biblioteca foi coberta por uma camada de 20 metros de lama superaquecida que depois solidificou na forma de uma pedra macia. A temperatura foi suficiente para conservar os papiros, mas não para inflamá-los; tivesse sido um pouco mais baixa, e teriam sido destruídos pela umidade dos séculos.

Em 1732, operários que escavavam o local em busca de antiguidades chegaram ao andar térreo da biblioteca e encontraram centenas desses rolos carbonizados. Sua leitura era quase impossível para a tecnologia da época, porque as camadas de papiro estavam muito quebradiças e se desmanchavam à menor tentativa de desenrolá-los; para ler algumas páginas das camadas mais internas, metros e metros de texto foram destruídos para sempre. Hoje, trabalhando com aparelhagem especial, pesquisadores dotados de uma paciência infinita lutam para recuperar, ainda que mutiladas, aquelas mensagens que nos chegam do passado. Dizem que a biblioteca tem mais dois andares inexplorados, e estimam em três séculos o tempo necessário para ler e decifrar todos aqueles papiros. Três séculos! Nem eu nem vocês, caros leitores, vamos estar por aqui quando isso acontecer; espero, ao menos, que os netos de nossos bisnetos saibam dar ouvidos a vozes assim tão antigas, verdadeiras sementes adormecidas que a terra generosa vem preservando há mais de dois mil anos.

34. A verdade é um perigo!

Nem os deuses, nem os homens jamais gostaram de receber más notícias — nem mesmo Apolo, o deus dos oráculos, que devia saber melhor do que ninguém o quanto a verdade pode doer. Ele amava Corônis, uma jovem princesa da Tessália, mas ela gostava de outro, um simples mortal, com quem se encontrava às escondidas. Desconfiado, o deus mandou o corvo, um de seus auxiliares alados, vigiar de perto a faceira princesinha. Pobre corvo! Quando veio fazer seu relatório sobre os encontros furtivos da moça, Apolo ficou furioso e resolveu castigá-lo, mudando a cor de suas penas, que eram brancas como a neve, para o preto que usa até hoje.

Muitos foram os reis e tiranos do passado que agiram assim como Apolo, punindo o mensageiro por causa do teor da mensagem. Plutarco nos conta sobre a campanha de Lúculo, comandante romano, contra alguns reinos da Ásia: quando sua legião entrou no território da Armênia, os postos avançados mandaram avisar que as forças de Roma se aproximavam. O rei Tigranes ficou tão enfurecido que mandou cortar a cabeça do mensageiro e, a partir daí, ninguém mais ousou contar-lhe coisa alguma. Enquanto os romanos iam fechando o cerco, Tigranes continuava inerte e apático, sem ter a menor ideia do que estava acontecendo, ouvindo apenas a voz tranquilizadora de seus bajuladores, que lhe diziam que Lúculo já devia estar voltando para Roma, atemorizado ao ver a força do exército armênio — até que o amigo favorito do rei tomou coragem e veio anunciar-lhe que a derrota era iminente, o que realmente aconteceu.

Pior ainda fez Côtis, certo rei da Trácia, dissoluto e beberrão, que meteu na cabeça que haveria de passar uma noite de amor com a deusa Atena — logo ela, uma das deusas virgens do Olimpo! Para uma ocasião tão importante, um verdadeiro banquete foi disposto numa mesa luxuosíssima, numa alcova ricamente decorada, no centro da qual foi colocada uma cama com lençóis e travesseiros dignos da ilustre convidada. Depois de tudo pronto e revisado, Côtis se pôs a beber vinho, excitado com a perspectiva da noite especial que teria. Como o tempo passasse e não houvesse sinal da deusa, mandou um guarda verificar se ela, por acaso, não tinha se perdido nos corredores do palácio. Quando o guarda veio dizer que não havia ninguém lá fora, o rei o matou ali mesmo. Mais tempo se passou, e Côtis mandou um segundo guarda ver o que estava ocorrendo — e a cena se repetiu. Quando mandou o terceiro, este, apavorado com o que tinha visto acontecer aos outros dois, voltou sorrindo, dizendo que a deusa tinha se atrasado um pouquinho, mas já estava subindo as escadarias do palácio — dito o quê, fugiu para o mais longe que podia. Três histórias, duas lições: se fores o destinatário, caro leitor, nada do que fizeres poderá alterar a mensagem. Se, ao contrário, fores tu o mensageiro, lembra-te de um antigo provérbio dos árabes: quando fores dizer a verdade, deixa teu cavalo pronto e um pé já posto no estribo.

35. Depois de mim, vem a treva

No ano de 79 da Era Cristã, o vulcão Vesúvio entrou em erupção, matando milhares de pessoas e destruindo as belas cidades romanas que margeavam a baía de Nápoles, entre elas a famosa Pompeia. Plínio, o Moço, estava lá, juntamente com a mãe, e nos deixou uma impressionante descrição. Por volta da uma da tarde, tinha se erguido entre as montanhas uma nuvem descomunal que foi se espalhando pelo céu como a copa de uma gigantesca árvore infernal. A terra vinha tremendo havia vários dias, mas nessa noite ela tremeu tão forte que Plínio levou a mãe para o jardim, com medo de que o telhado caísse sobre eles.

De manhãzinha, sob um sol mortiço, decidiram juntar-se à multidão que tentava fugir, acotovelando-se pela estrada. O mar tinha recuado, deixando à mostra uma larga faixa de praia em que os peixes maiores se debatiam, enquanto no céu a grande nuvem ia ficando cada vez maior, atravessada por línguas de fogo que luziam como relâmpagos. As cinzas do vulcão caíam agora como uma espessa neve suja, e Plínio tentava inutilmente apressar o passo no meio da multidão quando, ao olhar para trás, viu uma grossa nuvem escura que avançava sobre eles, rolando junto ao solo com a velocidade de uma onda do oceano. Mal teve tempo de puxar a mãe para fora da estrada, onde as pessoas se pisoteavam umas às outras, e foram engolidos por uma treva absoluta, como se estivessem sem luz, num quarto sem portas nem janelas.

Ao redor, ouviam os uivos das mulheres, o choro das crianças e o grito dos homens que tentavam se reunir a suas famílias. Muitos invocavam os deuses, mas a maioria estava convencida de que os deuses já não existiam mais e de que aquela noite terrível que descera sobre o mundo era a última noite de todas — e era eterna. No escuro, sentiam a cinza quente cair cada vez mais espessa, obrigando-os a levantar constantemente e sacudir-se para não ser por ela soterrados. No meio desse caos, confessou Plínio mais tarde, ele não emitiu um grito, um único gemido sequer — não porque fosse corajoso, mas simplesmente porque foi tomado pela ideia reconfortante de que estava desaparecendo junto com o Universo, e o Universo estava desaparecendo junto com ele. Afinal, ele só tinha 18 anos quando tudo isso ocorreu...

Ainda hoje não são poucos os que, como Plínio, se comprazem em imaginar que estão vivendo o fim de alguma etapa decisiva para a Humanidade. O genoma, os transgênicos, os tsunâmis, os vírus incontroláveis, a internet, tudo serve para que eles alimentem a curiosa ideia de que vieram a este mundo numa época muito importante, em que vai acabar a História, ou a literatura, a música, a pintura, o livro, a utopia, os deuses ou o próprio homem. No fundo, se alguma coisa morreu foram suas ilusões e seus projetos pessoais, mas fica mais fácil aceitar essas perdas se pensarem que todos, neste planeta, estão passando pelo mesmo luto.

36. Uma lição para os reis

Creso, rei da Lídia, era proverbial por sua riqueza e pela prosperidade de seu reino. Jamais se esquecia de agradar aos deuses, a quem dedicava templos com telhados de ouro, mas também não descuidava do saber e da ciência, convidando para sua corte, em Sárdis, os grandes mestres da Grécia, cujos ensinamentos recompensava com extrema generosidade.

Foi assim que veio a conhecer Sólon, um dos Sete Sábios, que aceitou o convite mais por curiosidade do que pela remuneração. Na corte, Sólon foi levado primeiro a visitar os celeiros, as cavalariças e as imensas salas do tesouro, a fim de que pudesse avaliar o quão rico era seu hospedeiro; depois, foi conduzido à presença de Creso, que o aguardava em seu trono de ouro, com o manto estrelado de pedras preciosas. "Então, Sólon, conheces alguém mais feliz do que eu?", perguntou o monarca. "Sim", respondeu o filósofo, "um certo Télus, um ateniense do povo, que era um homem de bem, assim como são seus filhos, que todos nós respeitamos. Sempre foi um cidadão exemplar, e morreu com a espada na mão, defendendo Atenas contra os invasores." Creso sentiu-se diminuído com a resposta inesperada, mas resolveu insistir: "E eu? Tu não me achas feliz?" Sólon abanou a cabeça: "Hoje, talvez; mas amanhã, quem vai saber? A vida traz muitas surpresas; é preciso aguardar a última cena." Creso, considerando-o um grosseirão, mandou um navio levá-lo de volta para a Grécia.

Anos depois, levado pelo orgulho, Creso declarou guerra aos persas do grande imperador Ciro, sendo derrotado e capturado. Os persas levantaram uma grande pira, amarraram Creso sobre ela e puseram fogo na madeira seca. E ali, esperando a mordida fatal das chamas, Creso lembrou-se de Sólon e do que ele tinha lhe dito tantos anos atrás; com um suspiro que atravessou o silêncio dos que assistiam à cena, Creso olhou para o céu e exclamou, em tom queixoso, o nome de Sólon três vezes. Curioso, Ciro chamou seus intérpretes e mandou perguntar que deus era aquele, que ele não conhecia. Quando soube que era um dos Sete Sábios, mais intrigado ficou: "E espera que ele venha salvá-lo?" "Não", disse Creso, "é que finalmente entendi a lição que ele me deu" — e contou seu encontro com Sólon. Ciro então, comovido, mandou que o tirassem da pira; tinha enxergado a si próprio naquele pobre homem esfarrapado, enegrecido pela fumaça, que um dia tinha sido um rei tão poderoso quanto ele. E fez mais ainda: tomou Creso por conselheiro, para que nunca o deixasse esquecer que o poder é fugaz, mas a sabedoria é para sempre.

37. Até que a morte os separe

Para o grego antigo, não parecia impossível que nascessem irmãos gêmeos da mesma mãe mas de pais diferentes, desde que um deles fosse um dos deuses do Olimpo. Assim aconteceu com Leda, a rainha de Esparta, casada com Tíndaro: numa tarde, às margens do rio Eurotas, ela foi possuída por Zeus, na figura de um misterioso cisne branco; à noite, ela foi também fecundada pelo marido. Nove meses depois deu à luz duas meninas, Helena e Clitemnestra, e dois meninos, Castor e Pólux; Castor e Clitemnestra eram filhos de Tíndaro, e Pólux e Helena eram filhos de Zeus. As duas irmãs eram boas amigas, mas a vida e o casamento se encarregaram de afastá-las; os dois irmãos, contudo, formaram uma dupla inseparável, que agia sempre de comum acordo, sem a rivalidade ou a competição característica de quase todos os irmãos da mitologia. Suas façanhas como guerreiros fizeram deles o orgulho de Esparta.

Quando resolveram casar, raptaram as filhas do rei de Messênia e tiveram filhos com elas; infelizmente, as duas moças haviam sido prometidas a Idas e Linceu, gêmeos também, que fingiram se conformar com a perda de suas noivas, mas juraram secretamente que haveriam de se vingar. E não demorou muito esse acerto de contas, pois um dia, ao repartirem um rebanho que haviam trazido da Arcádia, o conflito irrompeu entre os quatro: eles estavam discutindo os critérios de divisão quando Linceu, de surpresa, atravessou o peito de Castor com sua lança. Pólux reagiu e abateu-o com a espada, mas tombou ao solo, mortalmente ferido, ao ser atingido por uma grande pedra arremessada por Idas — que teria sido o único sobrevivente, se Zeus não tivesse intervindo, lá do Olimpo, fulminando-o com um de seus raios. O deus então chamou Pólux de filho e disse que o levaria para viver entre os imortais, mas o jovem recusou; não podia aceitar uma oferta dessas sem incluir seu irmão.

Ao ouvir aquilo, o pai olhou para ele com a tristeza da sabedoria; ia dizer alguma coisa, mas ficou tão comovido diante desse raro exemplo de amor fraternal que preferiu calar e atender ao pedido do filho, permitindo que ele e Castor se revezassem, vivendo a vida em dias alternados. Pólux logo descobriu o que Zeus não quis dizer: por mais que fizesse, ele e Castor nunca mais ficariam juntos, pois, para que um estivesse vivendo, o outro precisaria estar morto. Tinha dividido seus dias com o irmão, é verdade, mas sem a alegria de poder compartilhá-los com ele. Tinha perdido o companheiro para sempre, e poderiam ser suas as tristes palavras de Simone de Beauvoir, ao lamentar a perda de Sartre: "A morte dele nos separou, minha morte não vai nos reunir novamente."

38. Camaleões

Qualquer criança de hoje sabe que o camaleão se alimenta dos insetos que captura com a língua comprida e viscosa, mas os antigos juravam que ele vivia só de ar. Vendo-o imóvel, com a cabeça erguida — como é seu costume —, de boca aberta, à espreita de suas presas, eles não imaginavam que estivesse caçando, mas sim aspirando, deliciado, o vento de que se nutria. Por absurdo que possa parecer, o próprio Plínio, um dos maiores cientistas de seu tempo, confessava sua admiração por esse animalzinho "que não precisa comer nem beber". O camaleão também fascinava os cientistas e filósofos do passado por sua capacidade de mudar rapidamente de cor, indo facilmente do branco amarelado ao verde-musgo, do violeta ao vermelho-claro. Foi esse símbolo vivo da inconstância e da mutabilidade que Plutarco escolheu para falar de Alcibíades.

Esse famoso general, uma das figuras mais brilhantes e controvertidas da democracia ateniense, foi discípulo de Sócrates e teve seu nome imortalizado em diversos diálogos de Platão, o que não é pouco. Apesar de ser nobre, atraente, rico e inteligente, era tal seu desejo de agradar às pessoas com quem convivia que logo tratava de adotar seus modos e costumes, comportando-se da maneira que julgava mais adequada para seduzi-las. Ele próprio admitia que não suportava que o olhassem com indiferença, e que precisava sentir-se amado e admirado por todos. Era mais hábil em se transformar do que um camaleão, o que, segundo Plutarco, constituía sua faculdade dominante e seu mais extraordinário talento.

Em seu curto exílio em Esparta, cativou a todos ao mostrar-se entusiasmado com a dura rotina local, banhando-se em água fria e vivendo do pão grosseiro e do escuro caldo espartano — como se não tivesse, em Atenas, em sua casa, banhos quentes e perfumados e cozinheiros requintados. Na Jônia, mostrava-se afeminado, fútil e voluptuoso; quando esteve entre os persas, tratou de superá-los em luxo e ostentação. Em suma, ele não era nada por si mesmo, pois vivia ocupado em ser exatamente como seus interlocutores desejavam ou esperavam que ele fosse — e assim os conquistava.

Não foi feliz. Como o camaleão dos antigos, ele se alimentava apenas com o vento das aparências, e vivia, por isso mesmo, eternamente insatisfeito, sempre trocando de cor para atrair novas presas. Entre os gregos e os persas, Alcibíades desfrutou de estranhos e requintados prazeres, mas nunca experimentou aquele que, de tão raro e valioso, não há tesouro que pague: a sensação de paz que nos invade quando conseguimos nos ver livres, de uma vez por todas, da ânsia de agradar aos outros, o tempo todo e a qualquer preço. Só então podemos conviver, sem angústia, com o fato inevitável de não sermos estimados ou valorizados por pessoas que, no fundo — para dizer a verdade —, em nada nos interessam.

39. O sexo frágil

Para Ana, minha mulher

Se os heróis da mitologia fossem hoje recebidos no aeroporto, nenhum deles — nem Hércules, nem Ulisses, nem Aquiles — mereceria mais aplausos que Prometeu, a quem devemos muito mais do que se pensa. Sem ele não teríamos o fogo, que ele foi roubar aos deuses para nos dar de presente, tornando-se, com isso, alvo da cólera divina. O grande poeta Hesíodo, autor da versão mais famosa do mito, conta que Zeus ficou tão furioso que resolveu punir exemplarmente os envolvidos no roubo. Para castigar Prometeu, acorrentou-o a um rochedo no Cáucaso e mandou que uma águia viesse devorar-lhe o fígado, que se renovava todos os dias. Para castigar os homens, recorreu a um expediente mais sutil, mas nem por isso menos terrível: criar a primeira mulher.

Embora Hesíodo descreva isso como uma vingança, o capricho com que Zeus desenhou e executou o projeto da mulher sugere que o poeta, cego com seus preconceitos, não tenha percebido o orgulho que o Rei dos

Deuses sentia pela obra que estava criando. Primeiro, ordenou a Hefesto, o artesão divino, que moldasse, na mesma argila usada para o homem, um ser tão belo quanto as deusas, que fosse "igual ao homem, mas diferente": onde o homem era forte, ela seria fraca; onde o homem era tolo, ela seria sábia; onde o homem era duro, ela seria macia; onde o homem era ousado, ela seria prudente, mas onde o homem tivesse medo, ela teria coragem.

Depois, chamou todos os deuses para ajudá-lo, pedindo-lhes que dotassem a nova criatura com o melhor e o pior de si mesmos. Afrodite deu-lhe graça e beleza, mas também a vaidade; Atena deu-lhe habilidade com as mãos e o senso de justiça, mas também a curiosidade perigosa; Hermes deu-lhe o dom da persuasão, mas também a ensinou a enganar com as palavras — e assim por diante. Como se tratava de um presente que todos os deuses faziam ao homem, chamaram-na de Pandora, que, em grego, significa exatamente "a que tem todas as dádivas".

Com ela nasce o sexo feminino, mais fraco e delicado, de uma fragilidade que contrasta com a ação enérgica e decidida do sexo masculino: o homem caça, faz a guerra, derruba as muralhas de Troia, derrota os persas e abate o leão de Nemeia, enquanto ela canta diante do tear e espera que ele volte para casa. Seria possível dizer que tudo está em seu lugar e que não há dúvida quanto ao papel de cada um — até que, um dia, ela tem um filho, e toda a falsidade desse quadro vem à tona. Já no parto, o homem fica desconcertado ao ver a força espantosa que sua frágil companheira consegue mobilizar, aceitando a dor e o cansaço num nível que seria insuportável até para o mais rude guerreiro. Depois, à cabeceira de um filho doente, ele assiste, com respeito e admiração, àquela luta titânica que só as mães conseguem travar, noites e noites a fio, contra o inimigo invisível e traiçoeiro que ronda o berço com suas asas negras — e então, com toda a humildade, ele finalmente compreende qual dos dois é o sexo forte, e agradece a Zeus pelo maravilhoso presente que recebeu.

40. Os convidados de sempre

Dizem que os pastores que conduziam seus rebanhos pelas encostas do monte Sipilo, na Lídia, podiam avistar, lá em cima, junto ao cume, a estátua impressionante de uma mulher dobrada em duas, entregue a um choro desesperado. Ali estava, transformada em pedra fria, a pobre Níobe, a antiga rainha de Tebas, que um dia cometeu o erro fatal de se comparar a uma deusa. Orgulhosa de sua prole — tinha catorze filhos, sete homens e sete mulheres —, Níobe declarou publicamente que sua família valia mais que a de Leto, a deusa que dera à luz Apolo e Artêmis, os dois deuses gêmeos do Olimpo. Foi o bastante para perdê-la: Leto tomou isso como blasfêmia e, a pedido seu, Apolo e Artêmis empunharam os arcos e começaram a flechar, um por um, todos os filhos da rainha, que corria entre eles, desesperada, tentando usar o corpo para protegê-los — em vão — das certeiras flechas divinas. Por fim, paralisada pelo choque, ela quedou imóvel para sempre, transformada na própria estátua da dor e da tristeza.

Em Pompeia, a cidade romana que foi soterrada pelo Vesúvio no ano 79 da Era Cristã, ocorreu uma estranha inversão do destino de Níobe. Em uma hora, o vulcão, que todos julgavam extinto, projetou para a atmosfera milhares de toneladas de cinza incandescente, formando um imenso cogumelo de vários quilômetros de altura. Levada pelo vento, essa nuvem foi despejar sua chuva de fogo sobre a cidade. Milhares de habitantes morreram na primeira hora, asfixiados pelos gases tóxicos da erupção; seus corpos foram então carbonizados pela cinza e pela lava, que formaram, ao esfriar, uma espessa camada de matéria vulcânica.

Sepultados dentro dessa crosta dura como rocha, os corpos, ao longo dos séculos, acabaram se transformando em poeira, deixando vazio o espaço que antes ocupavam. Em 1860, o arqueólogo Giuseppe Fiorelli, ao se dar conta do fato, teve a ideia de encher esses vazios com uma pasta de gesso bem mole, com o qual obteve cópias muito fiéis dos corpos desaparecidos. Do que era antes apenas um pouco de ar aprisionado na pedra brotavam agora rostos, corpos, gestos, cenas inteiras ocorridas há dois mil anos.

Nos desvãos de minha memória eu guardo, como todo o mundo, a imagem daqueles que já se foram — e numa festa de pura recordação, como é o Natal, sei que vai ser inevitável reencontrá-los. Uns estão lá como Níobe, imobilizados em seu pranto eterno, pesando em minhas lembranças como um bloco de granito; estes não são bons convivas. Outros, ao contrário, pesam menos do que o ar: como os mortos de Pompeia, estão presentes exatamente pelos vazios que sua ausência criou. Eles me fazem falta, mas me consolo com as marcas que imprimiram em meu molde interior — na receita de um doce, nas feições de meu filho, nas frases que eram deles e que passei, sem me dar conta, a pronunciar em seu lugar. Esses serão sempre bem-vindos.

41. Tudo é vaidade

Não houve em todo o mundo romano alguém que fosse mais rico e extravagante que Lúcio Licínio Lúculo. Ele não era imperador, nem gastava o dinheiro público; era apenas um aristocrata que fazia questão de usar sua imensa fortuna para apregoar aos quatro ventos sua superioridade. Mantinha suntuosas residências em várias regiões do Império, equipadas e funcionando perfeitamente, mudando-se de uma para outra segundo o clima e a estação. Em sua propriedade na baía de Nápoles, construída sobre uma colina artificial, havia galerias subterrâneas que se comunicavam com o mar: ali ficavam os famosos viveiros de peixes raros com que abastecia sua cozinha.

As refeições de Lúculo, conta-nos Plutarco, "eram de uma riqueza insolente". Todos o invejavam pelas mesas suntuosíssimas, pelas taças cravejadas de pedras preciosas, pelos artistas que animavam os convivas e, acima de tudo, pela variedade espantosa de pratos, preparados com extremo refinamento. Ele adorava essa vida e dela se envaidecia. Numa noite em que jantava sozinho, serviram-lhe uma refeição mais modesta que os padrões habituais, mas que era, mesmo assim, um banquete de que se orgulharia qualquer outro nobre romano. Furioso, ele interpelou o mordomo, que se desculpou: como não havia convidados, ele tinha pensado que não seria necessário todo o luxo de sempre — no que foi repreendido com uma frase definitiva: "Então não te avisaram que hoje Lúculo ia receber o próprio Lúculo para jantar?"

Que diferença, dirão, da vida frugal e despojada de Diógenes, o filósofo grego que chegou a morar dentro de um velho tonel! Renegava qualquer espécie de luxo, e seus únicos bens eram um manto grosseiro, um bornal e um bastão de caminhante. Bebia água nos riachos e comia o que lhe dessem. No verão, rolava na areia escaldante; no inverno, abraçava as estátuas cheias de neve, exercitando, assim, sua resistência ao desconforto.

Certa feita, dizem, ao ver um menino tomando água na concha da mão, arremessou para longe a tigelinha que usava para beber, envergonhado por encontrar alguém com uma vida ainda mais simples que a sua. Viveu dois séculos antes de Lúculo, mas podemos imaginar um encontro entre ele e o romano — haviam de se entender muito bem:

"Quanta soberba manifestas, querendo parecer modesto", disse-lhe um dia Platão, que havia percebido o quanto havia de orgulho naquela exagerada penúria voluntária. No fundo, Diógenes e Lúculo não eram figuras opostas, mas idênticas, tomadas pela mesma obsessão de convencer o mundo de que eram superiores. Um se comprazia em ter, o outro, em se abster, mas não conseguiam fazê-lo discretamente, apenas para sua própria satisfação — afinal, eram apenas seres humanos e, por isso mesmo, imperfeitos.

42. O original e a cópia

Uma das versões mais decepcionantes da Guerra de Troia — e, por isso mesmo, pouco conhecida — conta que a verdadeira Helena nunca chegou a pisar em solo troiano. Uma tempestade inesperada obrigou o navio que a levava a fazer uma escala no Egito, e ali os deuses a substituíram por uma Helena falsa, uma cópia perfeita até o último fio de cabelo. Enquanto a Helena verdadeira ficava secretamente retida no país das pirâmides, por ordens do faraó, o ingênuo Páris voltava para Troia, triunfante, sem desconfiar que levava consigo apenas um simulacro da mulher que amava. Por muito tempo ele viveu feliz ao lado dessa réplica de Helena, sempre apaixonado, até que, finalmente, no décimo ano de combate, uma flecha grega o feriu de morte.

Ao que parece, os deuses se divertiam com esse jogo de aparências. Que o diga Íxion, rei da Tessália, tristemente famoso por ter assassinado o sogro numa cilada, tornando-se assim o primeiro homem a derramar o sangue de um membro da própria família. Segundo o costume, ele deveria se exilar até que alguém aceitasse purificá-lo de acordo com os velhos ritos; contudo, o seu era um crime desconhecido até então pela raça humana e ninguém se dispunha a ajudá-lo. Sua sorte foi que o próprio Zeus, o rei dos deuses, ficou com pena dele e não só o purificou, como o convidou a conhecer o Olimpo. Ali, na morada divina, Íxion ficou maravilhado ao conhecer Hera, a esposa de seu anfitrião, e seu desejo por essa deusa ficou tão intenso que ele ignorou as sagradas leis da hospitalidade e começou a cortejá-la de uma forma quase grosseira.

Quando Hera contou-lhe sobre o assédio que estava sofrendo, Zeus, apesar de espantado com a ingratidão e a temeridade de seu hóspede, preferiu castigá-lo pelo riso: transformou uma nuvem, Nefele, numa cópia perfeita de Hera, e deixou que Íxion agisse à vontade. Não demorou muito para que o desastrado reizinho, que se achava irresistível, levasse a falsa deusa para cama, pensando que realizava o que nenhum homem sequer teria a coragem de sonhar. O caso teria passado como simples brincadeira, mas Íxion, embriagado pelo sucesso, saiu pelo reino a gabar-se, a torto e a direito, de ter dormido com Hera, e Zeus teve de puni-lo, condenando-o a um suplício eterno no mundo dos mortos.

Compreendemos a felicidade de Páris e o triunfo orgulhoso de Íxion, pois ambos tiveram entre os braços aquela a quem mais desejavam. Pouco importa se era a falsa ou a verdadeira; uma distinção como essa só os deuses conseguem fazer. Em nós outros, simples mortais, uma coisa se confunde com a outra, e não posso acreditar que, no fundo, por baixo das máscaras que uso, por trás dos personagens que convivem dentro de mim e dos fantasmas que me habitam, exista outro eu, mais real e mais concreto do que este que aparece. Assim somos nós — um pouco de nuvem, um pouco de carne e osso, numa mistura em que ninguém saberá o que é o original e o que é apenas a cópia.

43. A voz da sabedoria

Assim como nós, os antigos alimentavam a esperança de encontrar alguém que lhes mostrasse o caminho para uma vida melhor — alguém a quem pudessem perguntar sobre o certo e o errado, o bem e o mal, o valioso e o supérfluo. Os mais sensatos confiavam no valor da experiência e procuravam pautar sua conduta pela opinião dos mais velhos; os poderosos consultavam os oráculos, acreditando que ali seriam aconselhados pelo deus Apolo em pessoa. Para o mesmo fim, a Grécia primitiva teve a sorte de poder recorrer também aos Sete Sábios, um grupo de homens excepcionais que, como os frutos de uma estação, surgiram e amadureceram todos numa mesma geração.

Eles não eram filósofos, mas isso pouco importava: de acordo com a tradição, tinham alcançado um perfeito entendimento da existência, uma notável sabedoria prática que transparecia em seus ditos, que compunham, para o grego da época, um verdadeiro manual para viver melhor. Infelizmente, somos obrigados a admitir que muitas de suas máximas mais conhecidas — "Respeita teus amigos", "Rico é quem pouco deseja", "Devolve o que te emprestaram" ou "Não julgues a vida de um homem antes de seu último dia" — não encontram hoje a ressonância que encontravam outrora.

Nem mesmo os preceitos especiais que resolveram gravar no oráculo de Delfos escaparam da indiferença! Segundo a lenda, os sete se reuniram um dia em Delfos para consagrar a Apolo, o deus que presidia o oráculo, os conselhos que eles consideravam mais valiosos para a vida de um homem de bem; a partir de então, o vestíbulo do templo mais famoso da Antiguidade ostentou inscrições do quilate de "Conhece-te a ti mesmo", "Nada em excesso", "Lembra-te de que és mortal" ou "Aprende a colher no momento certo". É incrível — e trágico! — que frases tão importantes digam tão pouco para as mentes de hoje...

Algo semelhante aconteceu na África, em 2001, quando centenas de jovens sudaneses, ameaçados de extermínio por um interminável conflito étnico em sua região, foram resgatados pela ONU e levados para os EUA. Para quem passara toda a vida na savana, em choças de palha, a mudança de ambiente era muito radical; por isso, para usar como apoio nas horas difíceis, cada jovem recebeu uma fita em que os anciãos da tribo expunham os princípios que resumiam a sabedoria de seu povo: "Tomem cuidado com as mulheres"; "Afastem-se da bebida"; "Não se deixem fascinar pelo luxo". Ao ler a transcrição traduzida, o público americano ficou frustrado. Ao que parece, esperava muito mais — como se existisse esse mais. São conselhos de boa conduta, não muito diferentes daqueles que gravaríamos para orientar nossos filhos. São máximas que — aqui, na Grécia ou na

África — têm o mesmo caráter ético e apontam na mesma direção: uma vida correta, baseada na moderação e no autocontrole. É verdade que elas soam, para o homem moderno, como ingênuas frases de almanaque, mas isso só depõe contra os ouvintes de hoje, não contra quem as escreveu. Em todas as épocas, em todos os continentes, as respostas essenciais sempre foram e sempre serão as mesmas.

44. Ganhar e perder

Terminada a guerra de Troia, Ulisses levaria mais dez anos para chegar a Ítaca, seu lar, onde Penélope ainda o aguardava. Nesse longo caminho de volta, tudo parecia conspirar contra seu retorno. Obrigado a aportar em ilhas desconhecidas, Ulisses foi enfrentando um perigo após o outro. Tempestades terríveis, povos antropófagos e seres monstruosos foram destruindo seus navios e dizimando seus companheiros, até que, em seu último naufrágio, foi lançado completamente sozinho numa costa desconhecida, junto à boca de um rio, quase morto de exaustão. Cauteloso, conseguiu se arrastar para dentro de um arbusto, onde adormeceu instantaneamente. Ele não sabia, mas era uma precaução desnecessária, porque estava agora na terra dos Feácios, povo próspero e pacífico que ia acolhê-lo muito bem — talvez até bem demais.

O perigo era Nausícaa, a graciosa filha do rei. Nos sonhos, uma deusa a avisou naquela noite para estar preparada para casar quando aparecesse o homem certo. Assim, ao despertar, ela e suas aias colocaram os baús do enxoval num carro de bois e foram até o rio para arejar seu conteúdo. Enquanto as roupas secavam ao sol, elas se divertiam em jogar com uma leve bola de vime, e seus gritos de alegria fizeram Ulisses acordar.

Ao vê-las tão inofensivas, cobriu sua nudez com um galho cheio de folhas, deixou o esconderijo e apresentou-se diante delas. Com os cabelos e a pele cobertos de sal, ele estava assustador, e todas correram apavoradas, menos Nausícaa, que manteve sua dignidade de princesa. Foi a ela que Ulisses se dirigiu, com palavras escolhidas que caíam suavemente como flocos de neve: comparou-a a uma jovem palmeira verdejante, de inacreditável beleza, que um dia tinha contemplado, com espanto e admiração, junto ao templo de Apolo, e implorou por sua proteção. Impressionada, a jovem mandou que lhe dessem roupas secas e óleo para banhar-se; quando Ulisses voltou do rio, limpo, ela admirou-se com a nobreza de seus traços e pressentiu que aquele era o homem a que o sonho se referia; antes de chegarem ao palácio, ela já estava apaixonada.

Os feácios exultaram ao saber que ali estava Ulisses, um dos heróis de Troia; o rei Alcino, candidamente, ofereceu-lhe a mão de Nausícaa e, com ela, o futuro poder sobre toda aquela gente rica e feliz. A tentação dessa oferta fez Ulisses vacilar, mas, como todos sabemos, ele a recusou gentilmente.

Na hora de partir, numa despedida tocante, ela lançou-lhe um olhar apaixonado e pediu, bela como uma jovem deusa, que nunca mais a esquecesse; Ulisses, tomado de emoção, prometeu que pensaria nela enquanto estivesse vivo. Disse, e virou-lhe as costas, para não ver mais aquele rosto suplicante, cheio de promessas. A tristeza que o invadia era velha conhecida, pois vinha da dor que sentimos pela perda irreparável que se esconde em cada escolha: Ulisses deixava Nausícaa, é verdade, mas em nome de Penélope, o amor que o tinha mantido vivo ao longo de tantos anos. Agora, podia voltar para casa.

45. Nem mandar, nem obedecer

Quando morreu Cambises, rei da Pérsia, o trono foi ocupado por um impostor que se fazia passar por seu irmão. No entanto, Otanes, chefe de uma das mais respeitadas famílias do reino, descobrindo o embuste, convenceu cinco amigos fiéis, honrados como ele, a derrubar o falso rei. Ao grupo de conspiradores veio se juntar o jovem Dario, que já era famoso, e todos, tendo jurado fidelidade recíproca, decidiram que eles próprios deveriam eliminar o impostor, sem recorrer a ninguém mais, pois a quebra do sigilo significaria a morte de todos eles. Sendo pessoas tão ilustres, entraram no palácio real sem maior dificuldade e trataram de enviar o tirano para o reino dos mortos.

Reuniram-se, então, os sete para deliberar sobre a forma do novo governo. Otanes sugeriu uma inovação vinda da Grécia: que a partir daquele dia o poder não ficasse mais na mão de um único homem, pois a experiência demonstrava que os monarcas, cedo ou tarde, acabavam passando dos limites; melhor seria um regime em que todas as deliberações fossem feitas pelo povo. Megabizo se opôs a isso, alegando que, para evitar a tirania de um só, corriam o risco de cair na tirania do povo desenfreado; o ideal seria entregar o poder a um grupo de homens escolhidos e virtuosos — e quem melhor do que aqueles sete, que já estavam ali reunidos?

Dario, naturalmente, discordou de ambos, alegando que nada superava o governo de um homem só, quando o poder era entregue a um homem bom; além disso, se esse sistema tinha servido tão bem à Pérsia, não via razão para mudar uma lei tão sábia. Quando viu que os demais apoiavam essa proposta, um certo Otanes, que defendia a democracia, tomou a palavra: "Se é preciso que um de nós seja rei, façamos agora uma escolha, mas não sou candidato. Não desejo mandar, nem obedecer; cedo-lhes meu lugar, com a condição, porém, de não ficar sob a autoridade de nenhum de vocês — nem eu, nem meus descendentes, até o fim dos tempos." E assim foi feito; ele e sua família gozaram plena liberdade para sempre, não se submetendo a ninguém, desde que não transgredissem as leis estabelecidas no país.

Agora que ditaduras e oligarquias parecem definitivamente ultrapassadas por aqui, seria inviável a discussão dos sete amigos, relatada por Heródoto. Não admitimos viver fora da democracia, que tem duas regras muito simples: os que não almejam o poder precisam abraçar uma escolha e manifestá-la no voto, se querem ter sua liberdade respeitada; os que desejam mandar precisam ter sempre em mente o que os pastores de Sófocles diziam de suas ovelhas: "Somos nós que as guiamos, mas estamos submetidos a elas e, por mais mudas que pareçam, é necessário ouvi-las."

46. Corpo e alma

A melhor representação visual do amor que conheço é *Psiquê reanimada por um beijo do Amor*, um belíssimo e perturbador conjunto em mármore polido que Antonio Canova esculpiu em 1793. Mesmo quem não acredita nesse indefinível sentimento poderá apreciar o que o artista soube extrair da pedra fria; mesmo os mais céticos, mesmo os que reduzem o amor a uma espécie de loucura provisória haverão de concordar que essa escultura é um daqueles raros momentos em que o tema se encontra com a forma e com a intenção, criando, assim, uma obra que jamais nos deixará indiferentes.

Primeiro, Canova acertou ao escolher um mito como motivo, contentando assim a gregos e troianos — uns porque veem no amor uma realidade mais profunda, como o mito, que não se deixa capturar inteiramente pelas malhas da razão; outros, ao contrário, porque consideram o sentimento amoroso, assim como a religião, uma fantasia que ainda sobrevive só porque tem seguidores. Segundo, acertou porque escolheu exatamente esse mito, que narra os encontros e desencontros — até o final feliz, o que é tão raro — de dois encantadores e especialíssimos personagens: ele é Eros, o ardente deus do Amor, o filho alado de Afrodite; ela é Psiquê, belíssima princesa, cujo nome, não por acaso, também significa "alma", na língua grega.

Os dois se casam secretamente e vivem felizes, mas o deus só vem encontrá-la na cama depois que as luzes se apagam, pois ela não pode saber que ele é um deus. Psiquê concorda, mas, certa noite, devorada pela curiosidade, espera que ele adormeça e acende uma vela — e o pior acontece: maravilhada com a beleza do marido, ela se descuida e deixa cair uma gota de cera quente no ombro dele, que acorda com um grito de dor. Ela tinha rompido o trato, e Eros se afasta, magoado, disposto a não a vê-la nunca mais.

Psiquê, então, arrependida, vaga pelos caminhos e pelos campos desertos, procurando em vão encontrá-lo, até que é atraída por Afrodite para uma fatal armadilha que a prostra num sono mortal. É quando Eros, avisado pelos deuses, que viam o jovem casal com grande simpatia, desce até onde ela está e a faz voltar à vida com um beijo salvador.

Pois foi bem essa a cena que o cinzel de Canova eternizou. Eros, com as asas ainda abertas, parece ter descido do céu naquele instante; Psiquê, de olhos cerrados, enlaça-o com delicadeza e ergue o rosto para oferecer-lhe os lábios. Os corpos são modelados suavemente para não desviar nosso olhar das duas cabeças que se aproximam, naquele momento culminante de todas as histórias de amor, aquele segundo infinito em que vai se encurtando o espaço que separa as duas bocas que estão prestes a se unir. Ali Canova conseguiu fixar no mármore toda a magia do beijo, esta genial criação do Ocidente que põe em contato, ao mesmo tempo, o corpo e a alma de duas pessoas e permite que elas troquem entre si a ternura, o desejo e a paixão que sentem reciprocamente. Às vezes, a tudo isso ainda vem se somar o amor, algo que não sabemos definir, mas que sabemos reconhecer quando aparece — ou quando simplesmente se acaba.

47. O dito e o não dito

Eco era uma ninfa tagarela que levava uma vida despreocupada nos verdes campos da Arcádia, até que o amargo destino a fez cruzar o caminho da poderosa Hera. Zeus, namorador incorrigível, costumava descer do Olimpo até a encosta dos montes para divertir-se com as jovens e sedutoras ninfas; Hera, esposa ciumenta e vigilante, desconfiava dessas visitas periódicas àquela região tão deserta e começou a segui-lo. Várias vezes ela quase o surpreendeu, mas sempre coube a Eco, com sua conversa astuciosa, retardar os passos da deusa, permitindo que Zeus retornasse às escondidas para o Olimpo. Quando Hera descobriu a trapaça, castigou-a exemplarmente: "Vou tirar teu poder sobre esta língua, com a qual me enganaste. Terás sempre a última palavra, mas nunca terás a primeira." E, a partir daquele dia, Eco não pôde mais falar com ninguém, condenada a repetir apenas as últimas palavras que lhe eram dirigidas.

E foi assim, quase muda, que ela se apaixonou pelo belo Narciso, que despertava o amor de todos os que o viam. Como não podia falar com ele, limitava-se a segui-lo por toda a floresta, onde ele vivia caçando com os amigos. Quanto mais o seguia, mais apaixonada ficava, até que um dia ela o encontrou sozinho, no meio de um espesso bosque de velhas árvores. Seu coração transbordava de sentimentos que não podia expressar; queria chamar seu nome, declarar seu amor, dizer-lhe palavras doces, mas nada podia fazer, e se pôs a suspirar e a gemer com tamanho desespero que Narciso percebeu. Um pouco assustado, voltou-se para o verde impenetrável da mata e perguntou: "Tem alguém aqui?" "Aqui, aqui!", respondeu ela, entusiasmada. "Mas por que todo esse clamor?" A coitadinha ainda atinou em responder: "Amor!" "E sofres tanto assim?", perguntou ele, ao que ela aproveitou para retornar um ardoroso "Sim!". "Venha, vamos caçar juntos!" "Juntos!" E, encantada com o que tinha conseguido dizer, não mais se conteve e surgiu do meio das árvores, correndo para ele com os braços estendidos. Narciso, no entanto, repeliu-a, como repelira todas as outras, e fugiu, enojado, de seus beijos.

Ela compreendeu a mensagem e, trêmula de vergonha, desapareceu como uma sombra por entre a folhagem espessa, indo esconder-se no fundo das grutas e dos desfiladeiros, sufocada por uma tristeza infinita. Presa de uma paixão impossível, vítima de uma escolha malfeita, Eco não sobreviveu: seu corpo, sua pele, o brilho de seus olhos, tudo foi se extinguindo, ficando apenas — é o que dizem! — seus ossos e sua voz, espalhados por cavernas e penhascos solitários, e ainda hoje é ela que, ao longe, nos responde, quando gritamos alguma coisa em sua direção. De certa forma, porém, ela triunfou sobre Hera, que tentou encerrá-la na insuportável prisão do silêncio e do não dito; com pedaços de palavras, com meros restos de sílabas, ela recriou a linguagem para declarar, afinal, seu amor por Narciso, e sua voz ainda persiste, ecoando na paisagem, a nos lembrar que a verdadeira tortura é sentir e não dizer.

48. De surpresa em surpresa

Dentre os animais monstruosos da mitologia clássica, nenhum causou tanto medo quanto Cérbero, o cão que guardava os Infernos. Todo grego acreditava que, ao morrer, sua alma haveria fatalmente de encontrar, na entrada do mundo das sombras, esse animal gigantesco, com suas três cabeças ameaçadoras. Eu era ainda um menino quando ouvi falar nele, e fiquei fascinado com aquela criatura sinistra que emitia, por suas três gargantas, aquele mesmo uivo pavoroso que soltavam os cães selvagens, à noite, nos campos de batalha desertos, devorando a carne dos cadáveres insepultos.

Durante anos eu o imaginei erroneamente como um cão de guarda às avessas, colocado diante do portão para impedir a saída, e não a entrada, como é o costume. Um dia, no entanto, descobri que a verdadeira missão de Cérbero era barrar a entrada das almas ainda não purificadas dentro do ritual estabelecido e, principalmente, afugentar as pessoas vivas que tentassem invadir o domínio dos mortos. E não duvide, leitor, que houvesse alguém tão louco a ponto de arriscar essa empreitada, pois na mitologia não são poucos os personagens que foram visitar o mundo do Além. Todos esses intrusos, de um jeito ou de outro, precisaram neutralizar o animal: Orfeu o deixou paralisado com a magia de sua música, Psiquê o adormeceu com um bolo de mel e cevada, recheado de sementes de papoula, e Hércules, herói de escassa sutileza, apertou seus três pescoços até que ele desmaiasse. Numa virada surpreendente, Cérbero deixava assim de ser o rigoroso carcereiro das almas, como eu imaginava, e passava a ser apenas um porteiro vigilante, como o bom cachorro que soltamos no pátio de nossa casa.

Algo semelhante ocorreu com a *Companhia do capitão Frans Cocq*, quadro pintado em 1642 por Rembrandt, o grande pintor holandês do século XVII. A imensa tela, que retrata o comandante Cocq à frente de seus mosqueteiros, foi mantida em coleções particulares por muito tempo e só veio a público no final do século seguinte. Uma crosta escurecida de verniz protetor acentuava ainda mais o ar sombrio da cena e fez o quadro ficar conhecido como *A ronda noturna*, nome que leva até hoje; no entanto, em 1946, uma limpeza cuidadosa removeu o verniz envelhecido e mostrou o que olhos mais sensíveis já haviam percebido: é uma cena diurna, fixando o momento exato em que o grupo sai da penumbra de uma ruela coberta e entra na zona atravessada por um precioso raio de sol.

Assim como a extraordinária transparência dessas sombras tinha ficado escondida, por tanto tempo, debaixo do verniz e da poeira, assim tantas outras verdades insuspeitadas devem estar à nossa espera, aguardando o momento mágico em que serão trazidas à luz. Como diamantes enterrados na lama, essas revelações jazem ocultas no meio daquilo que nos parece familiar e já estabelecido, prontas para nos surpreender — e para nos lembrar, afinal, de que a leitura que fazemos do mundo e das pessoas nunca será definitiva.

49. As flores da amendoeira

Para que fosse escrita uma das mais belas e tristes histórias de amor da Antiguidade, o Destino fez com que Demofonte, ao voltar da guerra de Troia, parasse seu navio num pequeno reino da Trácia, onde conheceu Fílis, a bela filha do rei. Eles se enamoraram no momento em que se viram: ela havia muito esperava por alguém assim como ele, e ele sempre tinha procurado por alguém bem assim como ela. Vendo os dois jovens tão claramente apaixonados, o rei consentiu no casamento, instituindo o futuro genro como herdeiro de seu trono.

Antes que a cerimônia se realizasse, no entanto, Demofonte explicou que precisava se ausentar para fazer uma breve visita a seu pai, em Atenas, pois tinha partido havia muito tempo para a guerra e fazia vários anos que não o via. Que Fílis fosse compreensiva, suplicou, jurando pelos ventos e pelas ondas que estaria de volta em quatro meses, para viver para sempre ao lado de sua amada.

Ora, depois de ver a lua cheia brilhar por quatro vezes no céu, Fílis começou a contar as horas e os dias como só os que amam e esperam sabem contar. Vivia junto à praia, perscrutando o oceano, e várias vezes se iludiu, julgando ter avistado, ao longe, as velas brancas do navio de Demofonte. Como ele não aparecia, ela deixava sua imaginação encontrar mil desculpas para sua demora; talvez o pai o tivesse retido mais um pouco a seu lado, ou talvez algo de ruim tivesse acontecido no caminho — e ficava arrependida só por ter pensado nisso, correndo a pedir aos deuses que o protegessem de qualquer desgraça. Mas à medida que os dias iam passando em branco, suas esperanças iam diminuindo, e, aos poucos, começou a ser dominada pelos fantasmas de sempre: como tantas outras antes dela, tinha sido enganada por palavras vãs, seduzida e abandonada! Eram falsas as juras dele, como eram falsas as lágrimas que ele tinha derramado ao partir; talvez nem se lembrasse mais dela, e, a essa hora, poderia já ter encontrado outra — talvez até já estivesse casado...

Tomada pelo desespero, não suportou mais o sofrimento e resolveu se enforcar — e assim teria feito, se os deuses, apiedando-se dela, não a tivessem transformado numa triste amendoeira. Quando Demofonte, que tinha sido retido contra sua vontade, chegou três meses depois, só lhe restou abraçar-se à árvore, reafirmando, entre soluços, o que sentia por Fílis. Nesse instante, a amendoeira ficou coberta de delicadas flores, que já deviam estar ali, aguardando apenas que um abraço apaixonado como aquele lhes desse a força e a seiva de que necessitavam para desabrochar — pois esse, dizem, é o grande prodígio de um amor verdadeiro: ele nos torna mais vivos e mais floridos, ele nos devolve qualidades que julgávamos ter perdido e nos faz descobrir, com surpresa, que tínhamos outras de que nem sequer suspeitávamos. Aliás, se não for assim, nem vale a pena.

50. Mais do que a pedra e o bronze

Quando Roma ainda era pequena, distante do imenso império em que viria a se tornar, uma numerosa força de gauleses, chefiada por Breno, tomou e saqueou a cidade. Atravessando os Alpes, milhares de invasores cobriram os campos da Itália e destroçaram sem dificuldade o desnorteado exército romano que saiu a seu encontro; os poucos sobreviventes que conseguiram voltar para dentro das muralhas da cidade estavam tão cheios de pavor que nem ao menos fecharam os portões atrás deles.

Só a ação decidida dos velhos magistrados e senadores conseguiu evitar que o pânico levasse à extinção total daquela comunidade. A seu conselho, todos os que ainda podiam lutar muniram-se de armas, água e comida e foram se entrincheirar na colina do Capitólio, pois ali, se lutassem com denodo, teriam uma pequena chance de salvar os deuses da cidade e o sagrado nome de Roma. Por sua vez, os anciãos voltaram para casa e envergaram as vestes solenes de seus cargos, como se fossem participar de uma grande cerimônia, e foram ocupar seus tronos de marfim no Senado, à espera do que a sorte lhes reservava, para servir de exemplo e inspiração para aqueles que iam combater pela cidade.

Quando os gauleses chegaram às muralhas, os portões estavam abertos e a cidade parecia deserta. Temendo uma emboscada, foram avançando lentamente pelas ruas até que, junto ao fórum, ficaram surpresos ao ver aquelas fileiras de homens silenciosos, ricamente paramentados, imóveis como estátuas, que não faziam menção alguma de fugir ou proteger-se. O espetáculo deixou os gauleses atônitos, e, olhando aqueles semblantes serenos, indiferentes a tantas espadas e lanças ameaçadoras, já não sabiam se estavam diante de deuses ou de uma raça superior de homens. Sem saber o que fazer, hesitavam em se aproximar, até que um deles, mais impaciente, chegou-se a um dos anciãos e puxou-lhe a barba de leve, para ver sua reação. Indignado, o velho golpeou-o com o pequeno bastão de marfim que os senadores levavam; o agredido, furioso, atravessou-o com a espada, o que deu início ao massacre de todos.

O exemplo de sua coragem, contudo, levou o pequeno grupo do Capitólio a resistir ao cerco até que os gauleses fossem embora. O futuro de Roma estava salvo, e aqueles senadores deixaram um exemplo que chega até nós mais intacto do que as grandes construções de pedra e de bronze de tantos reis já esquecidos. Essa cena tem aquilo que Plutarco chamava de "beleza moral", servindo tanto para nos lembrar do quanto o homem pode ser digno, às vezes, como para lamentarmos o quão distantes desse exemplo estão nossas figuras públicas.

51. As flores de nosso espírito

Foi por causa de Helena, esposa de Menelau, rei de Esparta, que os gregos destruíram a lendária Troia, cidade de nobres muralhas e telhados cor de ouro — e o fato de que a mulher mais bonita do mundo tenha provocado a mais famosa guerra de todos os tempos deve ter algum significado. Apesar de versões em contrário, todos concordam que o causador do conflito foi Páris, o jovem e charmoso príncipe troiano, que tinha se hospedado na casa de Menelau. Aproveitando a ausência de seu anfitrião, Páris voltou para Troia levando Helena consigo, acarretando, com isso, a reação indignada dos gregos, que organizaram uma gigantesca expedição punitiva. Por nove anos, os troianos conseguiram resistir; no décimo, no entanto, a cidade caiu e foi incendiada, e Menelau pôde voltar com Helena para Esparta, onde viveram felizes pelo resto de seus dias.

Apesar de algumas vozes discordantes, muitos autores se esforçaram em demonstrar que Helena não era uma esposa infiel, capaz de abandonar o marido e a filha na primeira oportunidade que se apresentou. Para uns, ela só fez o que fez porque assim decidiu Afrodite, a deusa do Amor, que se apoderou de sua mente e a transformou numa simples marionete. Para outros, ela foi levada à força, como cativa, na ponta da espada, como tinha acontecido a tantas outras mulheres gregas.

Uma terceira e curiosa versão alegava que Helena nunca pisou em solo troiano: ao fazer uma escala forçada no Egito, o faraó ficou indignado ao ser informado do sequestro, reteve-a como hóspede e obrigou Páris a voltar sozinho para casa; quando os gregos, que não sabiam desse fato, foram a Troia exigir sua rainha, não acreditaram quando os troianos alegaram inocência. Eurípides ampliou essa versão com um detalhe que a deixou ainda mais verossímil: a verdadeira Helena teria ficado no Egito, e Páris, sem saber disso, teria voltado para casa levando uma Helena falsa, um simulacro construído pelos deuses para punir os troianos.

Alguns desses autores, ao demonstrar que Helena, a despeito de tudo, continuava virtuosa, queriam apenas justificar a naturalidade com que Menelau a recebeu de volta, tranquilizando, assim, os maridos de toda a Grécia. Outros, no entanto, fizeram-no porque acreditavam nessa misteriosa relação do nosso lado de dentro com aquele que é visível, e se recusavam a admitir que alguém dotado de tanta beleza, como Helena, pudesse ser uma pessoa vil e traiçoeira como alguns pintavam. Montaigne, que também acreditava nessa porosidade do interior para o exterior, aconselha-nos a nunca desprezar a aparência, pois, assim como o sapato acaba assumindo a forma do pé que o calça (a imagem é dele próprio), o que se passa em nosso íntimo termina por aflorar na superfície. Diferente da pérola, cujo brilho vai crescendo sem que isso afete o lado de fora da ostra, a beleza interior, quando existe, nunca deixará de aparecer, especialmente no rosto, essa região fascinante que o corpo parece ter reservado para que brotem ali as flores de nosso espírito.

52. Não me devem nada

Atalanta, a donzela guerreira, teve a mesma infância infeliz que tiveram quase todos os heróis da mitologia grega. Quando ela nasceu, o rei Iaso, que precisava de um filho varão, foi aconselhado pelo oráculo a abandoná-la nas matas que cobriam a encosta do monte Partênio. Como sempre acontece, o servo que recebeu essa sinistra incumbência se apiedou da criança e a depôs com todo o cuidado no interior de uma caverna, implorando a Artêmis, a deusa dos bosques e dos lugares ermos, que tomasse conta da pequenina.

O auxílio da deusa veio na figura de uma ursa que naquele mesmo dia tinha perdido os filhotes numa armadilha; ao voltar para a caverna, encontrou a bebezinha e, por instinto, começou a amamentá-la carinhosamente. Passados alguns meses, um caçador das redondezas percebeu o que estava acontecendo na caverna; aproveitando-se de um descuido do animal, levou a menina para casa e deu-lhe o nome de Atalanta.

O caçador morreu alguns anos depois, e Atalanta cresceu triste e sozinha. O tempo a transformou numa bela mulher que vivia isolada sob o sol da Arcádia, correndo pelos montes e pelos campos com seu arco e sua lança, exatamente como Artêmis, sua deusa protetora — e, como ela, vestida apenas com uma túnica muito curta, presa num só ombro, que deixava livres seus movimentos e pouco escondia de seu corpo ágil e flexível. Os que encontravam a virgem caçadora ficavam enfeitiçados por sua beleza selvagem, mas o temor de suas armas mantinha todos a distância.

Seu momento de glória ocorreu na grande caçada ao javali da Calidônia, uma fera gigantesca que devastava lavouras e aldeias indefesas. A aventura atraiu jovens heróis de toda a Grécia, fascinados pela chance de conquistar honra e renome. Quando o javali investiu sobre eles, vários o atingiram com suas lanças, mas só depois de Atalanta ter ferido profundamente o dorso do animal com uma de suas flechas. Dela tinha sido o primeiro sangue e, por isso, coube a ela o troféu tão desejado.

Ao saber dessa façanha, Iaso chamou-a a sua presença e quis saber de onde ela vinha. Os indícios eram eloquentes, e o rei, exultante, reconheceu em Atalanta a filha que julgava perdida. Abraçando-a com orgulho, contou-lhe seu nascimento e lamentou não ter tido, naquela ocasião, a coragem de desobedecer à recomendação feita pelo oráculo. Ela também o abraçou; por muitos anos tinha imaginado esse encontro e não ia estragá-lo com queixumes ou cobranças de um tempo já tão distante. Não ia exigir que seu pai agora lhe desse o que não pudera dar a ela vinte anos antes. Ele não lhe devia nada; iam começar do zero e tratar de ser felizes. Atalanta antecipava, assim, o que Epíteto viria a escrever: a pessoa comum culpa o outro por tudo o que lhe sai de errado; o noviço em filosofia culpa sempre a si mesmo; o sábio, esse não culpa nem um, nem outro.

53. Por pura teimosia

De todos os povos da antiga Grécia, os espartanos eram os que menos se pareciam conosco. Eles riam pouco, quase não falavam e eram demasiadamente belicosos para nosso gosto, mas estou certo de que nos deixaram algum exemplo aproveitável — como o do teimoso capitão que ficou imortalizado na batalha de Plateia, quando Esparta e Atenas derrotaram os persas comandados por Mardônio. Por vários dias, numa planície da Beócia, gregos e persas vinham se estudando à distância, aguardando o momento propício para atacar. Como a água estava escassa, o alto comando grego decidiu aproveitar a escuridão da noite e recuar seu exército para uma região mais rica em fontes e mananciais. Os atenienses receberam a ordem sem discutir, mas o mesmo não ocorreu entre os espartanos: Amonfareto, chefe de um batalhão, recusou-se a obedecer, dizendo que ele e seus homens estavam ali para enfrentar os bárbaros que ameaçavam sua pátria e não iriam partir sem lutar. Os chefes alegaram que aquilo já estava decidido, mas ele retrucou, indignado: "Pois eu voto por ficar!" E, abaixando-se, pegou uma pedra no chão e foi depô-la aos pés do comandante geral, exatamente como se votava nas assembleias de Esparta.

Como ninguém queria deixá-lo para trás, começaram a discutir, tentando convencê-lo a partir. Enquanto isso, os atenienses, que tinham começado a retirada, detiveram-se alguns quilômetros depois, ao perceber que seus aliados espartanos não se moviam do lugar. Quase ao amanhecer, mandaram um mensageiro até lá; ele voltou perplexo, informando que todos estavam empenhados numa discussão acalorada.

Quando o dia raiou, os persas viram o campo grego praticamente deserto: avistaram apenas a retaguarda do exército espartano — ao qual se juntara Amonfareto, ainda relutante —, que se afastava, aos poucos, por trás de uma colina. Mardônio mandou apenas a cavalaria partir em seu encalço, mas os demais chefes persas, imaginando que os gregos tivessem se acovardado, abandonaram suas posições e avançaram desabaladamente, preparando-se, não para combater, mas para caçar fugitivos apavorados. O resto é história: os espartanos fizeram frente à primeira onda de ataque, os atenienses voltaram para socorrê-los e os exércitos desordenados de Mardônio sofreram uma derrota fatal.

O que o espartano queria? Apenas participar, com uma pedrinha que fosse, da marcha dos acontecimentos. Podia simplesmente acompanhar os outros, mas não quis renunciar ao direito de expressar sua opinião na assembleia — no que estava certo, pois seu voto terminou afetando o desenrolar da batalha. Essa saudável vontade de influir, de ter algum peso, por ínfimo que seja, no curso da História talvez seja a última ilusão que ainda me resta. Sei que muitos, por cansaço ou desencanto, já desistiram, e parecem não mais se importar se seu candidato mentiu, roubou ou traiu os princípios que jurava defender na eleição passada — mas eu me importo. Por pura teimosia.

54. O verdadeiro herói

Heróis verdadeiros foram os gregos que lutaram na batalha das Termópilas, parte desse eterno conflito entre o Oriente e o Ocidente. Ali um punhado de espartanos atrasou o avanço do gigantesco exército persa o suficiente para que as forças de toda a Grécia pudessem se organizar. O inimigo era Xerxes, o filho de Dario, trazendo um exército tão fabuloso que os homens da retaguarda marcharam cinco dias inteiros para se reunir aos que já tinham chegado. A lenda fala em mais de um milhão, mas os historiadores corrigiram isso para 250 mil soldados — ainda assim o suficiente para secar os rios por onde passavam. A sua frente, num estreito desfiladeiro junto à costa, aguardava-os Leônidas de Esparta, no comando de alguns aliados e de trezentos homens de sua guarda pessoal, que ele escolhera a dedo entre os jovens que já tinham um filho varão, sabendo que lutariam até a morte para garantir a glória eterna para seus descendentes.

Xerxes esperava que os gregos desistissem ao ver seu poderio; no entanto, um espião persa conseguiu chegar secretamente ao desfiladeiro e voltou com a perturbadora notícia de que alguns espartanos faziam exercícios físicos enquanto outros lavavam e prendiam o cabelo despreocupadamente. Um grego que lhe servia de guia sentenciou: "Senhor, aqueles lá vão morrer lutando; eles sempre se penteiam com apuro na véspera de uma grande empreitada." E assim foi. No raiar do dia seguinte, feitas as oferendas, os adivinhos anunciaram a Leônidas que o destino fatal dos gregos estava traçado. Os aliados então se dividiram: uma parte resolveu retornar para casa para defender a família, mas a outra decidiu ficar e resistir.

No combate do primeiro dia, ondas e ondas de soldados persas, impelidos a golpes de chicote, avançaram em vão contra a muralha humana que guardava o desfiladeiro, fazendo Xerxes compreender que seu exército tinha muito mais soldados, mas muito menos homens que os oponentes. Os gregos resistiram mais dois dias, até que os persas, guiados por um traidor chamado Efialtes, contornaram o desfiladeiro por um caminho de cabras e exterminaram os poucos sobreviventes, cujo túmulo recebeu o belíssimo epitáfio escrito pelo poeta Simônides: "Estranho, vai dizer aos espartanos que nós jazemos aqui, obedecendo a suas ordens."

Dois mil anos depois, nos desfiladeiros modernos, o heroísmo ainda consiste nessa perseverança, nessa insistência serena em cumprir com o dever que a própria vida nos impõe — mesmo sabendo que, muitas vezes, essa luta pode ser vã e que, mais cedo ou mais tarde, persas e traidores podem nos derrotar. Não importa; herói é quem pode dizer, como o velho marinheiro que se dirigia a Posêidon durante uma tempestade: "Ó Deus do Mar, tu podes me poupar, se quiseres, ou podes me destruir; mas, seja qual for tua decisão, vais me encontrar com o braço firme no leme deste navio."

55. O sorriso de um bebê

Para o Sérgio "Prego" Fischer e seu pequeno Alfredinho

Durante muito tempo, o governo de Corinto ficou nas mãos de uma mesma família, os Báquidas, que se apresentavam orgulhosamente como descendentes do próprio deus Baco. Para não pôr em risco seu poder, tratavam de casar sempre dentro da família, até que uma de suas donzelas, Labda, feia demais para atrair um de seus numerosos primos, acabou casando com um jovem que não pertencia ao clã. O marido, que ansiava por um herdeiro, consultou o oráculo de Delfos, que anunciou para breve o nascimento de um filho, que tomaria o lugar dos atuais governantes e iniciaria uma nova era para Corinto. Os Báquidas, ao saberem da profecia, disfarçaram sua apreensão e decidiram agir assim que a gravidez de Labda chegasse a termo.

Quando nasceu o menino, sortearam dez dentre eles e os enviaram à casa de Labda, para matá-lo. Chegando lá, pediram para vê-lo; Labda, desconhecendo o verdadeiro objetivo da visita, ficou orgulhosa com o interesse dos parentes e foi buscar o filhinho, depondo-o nos braços de um deles. Ora, eles tinham decidido, no caminho, que os deuses escolheriam quem ia desempenhar a missão: aquele a quem ela primeiro entregasse o menino deveria arrojá-lo contra o chão, para esmagar-lhe a cabeça. Nesse momento, porém, o bebê abriu um largo sorriso para seu matador, que sentiu o coração tão enternecido que teve de passá-lo ao companheiro do lado, e ele ao outro, e assim por diante, até chegar ao último, porque nenhum dos dez queria ser o autor daquela morte.

Assim, vencidos por um sorriso, devolveram-no a sua mãe e saíram constrangidos, atordoados, acusando-se mutuamente de fraqueza e covardia. Finalmente, depois de muito discutir, decidiram voltar e, todos juntos, executar sua missão — mas tinham falado tão alto, lá fora, que Labda pôde ouvir seus planos e teve tempo de esconder o menino numa tulha de grãos, onde eles não conseguiram encontrá-lo — combinando entre si, por causa disso, informar ao palácio que já tinham feito o que tinham ido fazer.

E de onde vem a estranha força desse sorriso inocente que salvou a vida de Cípselo, o filhinho de Labda, futuro rei de Corinto? Em parte, a Ciência explica: é um comportamento natural, impresso no cérebro dos pequeninos seres humanos pela infinita sabedoria da espécie. É um mecanismo de sobrevivência, destinado a cativar a mãe e a garantir o apego dos entes mais próximos, para assegurar que o bebê terá o cuidado de que necessita. Pressentimos, contudo, que esse sorriso misterioso que faz todos sorrirem juntos, despertando em cada um o que resta de bondade e de ternura, não está ali para salvar apenas o bebê, mas também a todos nós: ele ri como se tivesse um segredo feliz para compartilhar conosco, como se quisesse nos lembrar de alguma coisa importante que acabamos esquecendo: que esta vida é preciosa e vale cada minuto.

56. Sejam bem-vindas

Os artistas e poetas representavam as Musas como donzelas graciosas, vestidas com recato, bem ao contrário de uma deusa provocante como Afrodite. Pouca gente sabe, no entanto, que as longas túnicas que usavam serviam para ocultar, além de belas formas femininas, um par de asas discretas. As Musas podiam voar, para surpresa de muitos —, especialmente de Pireneu, um rei da Trácia que tinha decidido possuí-las mesmo contra a vontade delas.

Certa manhã, no meio de uma tempestade, quando as Musas se dirigiam ao templo de Apolo por uma estrada que cortava o monte Parnaso, o rei atalhou-lhes o passo, dizendo-lhes, em tom amigável: "Nobres filhas de Zeus, saiam desta chuva e venham abrigar-se em meu palácio; ele é modesto, mas não se envergonhem, pois casas ainda mais humildes do que a minha já foram visitadas pelos deuses." Tranquilizadas pelo tom respeitoso com que ele proferiu essas palavras, elas concordaram em se refugiar no vasto vestíbulo real. Só perceberam a armadilha quando, assim que a chuva parou e um vento fresco dissipou as nuvens, devolvendo ao céu seu azul costumeiro, o portão foi fechado com estrondo e Pireneu investiu contra elas, pronto para violentá-las.

Não havia outra saída a não ser pelo alto, e elas então abriram suas asas e começaram a erguer-se lentamente nos ares, perseguidas de perto pelo rei, que subia, aos pulos, os degraus da escadaria que levava ao topo da muralha. "Não adianta fugir!", gritava ele, enlouquecido; "Aonde vocês forem, eu irei atrás!" E quando elas chegaram ao nível dos telhados mais altos e começaram a se afastar do palácio, ele, em seu delírio, tentou ainda voar em seu encalço, mas mergulhou em queda livre e foi se arrebentar contra o solo.

Selvagem como todos os trácios, Pireneu acreditou ingenuamente que um simples mortal como ele poderia obrigar as Musas a mostrar seus encantos. Ora, por serem deusas, não nos cabe determinar quando vamos recebê-las — da mesma forma como não podemos decidir quando vamos sentir determinado desejo ou emoção. Assim como a alegria, a inspiração, o apetite ou o sono, elas não podem ser forçadas; para que ocorram, precisam se manifestar por conta própria. Além disso, não é por acaso que essas cobiçadas divindades — as Musas, o Amor, as ideias — sempre foram dotadas de asas: é que elas são ariscas, e, ao contrário da fome e do sono, que sempre acabam voltando, podem nos visitar uma vez e afastar-se para sempre, se não se sentirem bem-vindas.

57. O indispensável mistério

Apuleio nos conta que uma jovem princesa tinha tamanha beleza que seus admiradores, para sua perdição, começaram a compará-la com a própria Afrodite. Enciumada, a deusa mandou que o filho, o jovem Eros, deus do amor e da paixão, flechasse o coração daquela moça e a fizesse enamorar-se do homem mais feio do mundo. Eros bem que tentou, mas se apaixonou no momento em que a viu, provando, pela primeira vez, o doce veneno de suas próprias setas. Ela se chamava Psiquê, o mesmo nome delicado que os gregos davam à borboleta e à impalpável alma humana.

Era tão bela que ninguém ousava apresentar-se como pretendente a sua mão. Alarmados, seus pais foram a Delfos perguntar ao oráculo se um dia ela iria casar. O oráculo foi claro, a sua maneira: que a deixassem, vestida de noiva, ao pé de certo rochedo, onde seu futuro marido iria buscá-la — e não seria um simples mortal, mas um monstro impiedoso, de força irresistível, que dominava a todos, até mesmo ao próprio Zeus.

Sem entender a metáfora, os pais ficaram desesperados com o destino da filha; porém, como não ousavam contrariar a voz sagrada de Delfos, deixaram Psiquê no local designado, onde ela adormeceu. Um vento misterioso então a transportou para um rico palácio no alto do monte, onde ela foi banhada e penteada por mãos invisíveis. "À noite", disse-lhe uma voz sem dono, "teu marido chegará."

E assim foi: na escuridão absoluta, ela não viu quando Eros se aproximou; apenas sentiu que alguém deitava a seu lado, no fresco leito nupcial, e a abraçava com tanta ternura e paixão que ela perdeu todo o receio que tinha e deixou o prazer dominá-la. E assim, noite após noite, no correr dos meses, ela o recebeu em seus braços, sentindo-se cada vez mais enamorada daquele desconhecido que partia bem antes do sol nascer. Um dia, percebeu que estava grávida; criou coragem e pediu que ele se mostrasse. Foi em vão: "Se tu me vires, eu nunca mais voltarei", disse ele.

Mas ela estava decidida: numa noite em que ele dormia a seu lado, acendeu um candeeiro que iluminou todo o leito. Como já suspeitava, seu marido não era um monstro, nem mesmo um homem comum, mas o próprio Eros em pessoa, belo como devia ser um filho de Afrodite. A forte luz da candeia, porém, terminou por despertá-lo; ele a olhou com mágoa e desapontamento e afastou-se em silêncio.

Essa história tem um bonito final: depois de muitos infortúnios, os dois enamorados acabaram vivendo felizes, juntamente com sua filha Voluptas. Psiquê tinha aprendido a lição: quem ama — e quer que isso dure — deve aceitar que o outro preserve um pouco de seu segredo, assim como aceitamos que a Lua tenha uma face brilhante e outra que nunca veremos. Afinal, é nas trevas do mistério que ela, a alma, ainda se encontra com Eros, a paixão, para que nasça, a cada noite, a misteriosa volúpia.

58. Nunca saberemos

Das muitas discussões travadas entre Zeus e Hera, o casal real da mitologia grega, uma delas tornou-se inesquecível. Ninguém ignorava que ele era dado a aventuras amorosas com outras deusas, com ninfas e com belas mortais. Um dia, apanhado em flagrante por Hera, tentou justificar-se alegando que não tinha culpa, porque, afinal, o prazer do homem era muito menos intenso que o prazer da mulher, e ele estava apenas tentando compensar a baixa qualidade pela grande variedade. Como Hera não concordasse quanto a esse ponto essencial, resolveram procurar um terceiro para servir de juiz. O problema não era nada simples, pois perguntar a um homem ou perguntar a uma mulher traria uma resposta fatalmente prejudicada, reduzida às limitações do ponto de vista de um ou do outro sexo.

Ambos lembraram então de Tirésias, o pastor que, já homem feito, tinha sido transformado em mulher, vivendo assim por sete anos, ao cabo dos quais voltara a ser homem de novo. Uns dizem que, durante esse tempo, ele — ou ela — foi prostituta famosa; outros, que casou e teve dois filhos. De qualquer forma, só ele podia comparar o desejo que nasce do corpo de um homem com o que nasce do corpo de uma mulher, e sua resposta — "Do prazer, o homem aproveita uma parte, enquanto a mulher aproveita três vezes três!" — foi imortalizada pela mitologia e pela literatura.

Por que não ocorreu a ninguém — fosse deus, fosse mortal — aproveitar Tirésias para esclarecer de uma vez por todas as diferenças entre o mundo masculino e o feminino? A resposta está no próprio mito: só o corpo tinha sido trocado por um corpo de mulher, mas a mente, em momento algum, tinha deixado de ser a mente do mesmo Tirésias de sempre. Ele podia opinar sobre o prazer que sentiu, mas era só isso. Naqueles sete anos, seu espírito tinha habitado um país exótico, com paisagens desconhecidas, totalmente incompreensível para ele.

Tirésias era como um daqueles tupinambás que os franceses levaram daqui, em 1550, para apresentar em Rouen, na festa dedicada a Henrique II e a Catarina de Médici, como exemplo típico de nossos nativos. Alguns ficaram por lá, mas outros conseguiram voltar a suas aldeias, com notícias do mundo diferente que tinham visitado; podemos imaginá-los à noite, em torno da fogueira, com os olhos ainda cheios de assombro, tentando descrever o brilho de uma corte renascentista, cheia de espelhos, castelos, carruagens, pontes, cavalos, todas essas coisas estranhas que tinham visto do outro lado do mar e que nunca poderiam entender, até porque a língua que falavam não tinha sequer palavras para designá-las.

Da mesma forma, o homem jamais poderá saber o que realmente se passa no coração da mulher — e vice-versa. Um só pode ver o outro com os olhos que lhe pertencem e, como o tupinambá que foi a Rouen, guardar dessa fantástica viagem algumas imagens dispersas cujo significado jamais conseguirá entender plenamente.

59. Nossas musas

Desde Hesíodo, a maioria dos autores gregos usa o mito de Pandora para explicar a criação da mulher. Uns dizem que essa criatura, moldada pelos deuses, teria vindo para aliviar a solidão masculina; outros, entre os quais se alinha Hesíodo, acusam-na simplesmente de ser uma forma maquiavélica de castigar os pobres machos indefesos. Não abraço nenhum dos dois partidos porque ambos pressupõem a crença ingênua de que a mulher nasceu para servir ao homem, seja como prêmio, seja como punição. Para explicar a presença feminina no planeta, prefiro recorrer ao mito das Musas.

Foi Zeus quem as gerou. Preocupado em tornar o mundo melhor e mais cheio de beleza, o rei do Olimpo visitou, por nove noites sucessivas, o leito de Mnemósine, a deusa da Memória; nove meses depois, nasceram as nove Musas, a quem devemos dons maravilhosos como a música, a dança, a poesia e todas as outras artes, bem como a graça, o talento e a intuição. Viviam sempre alegres e sorridentes; dançavam e cantavam com extrema doçura e leveza, acompanhadas pela lira de Apolo, a quem obedeciam. Eram bonitas e graciosas, sempre vestidas com roupas diáfanas e esvoaçantes. Alguns chegam ao cúmulo de dizer que elas tinham olhos cor de violeta.

Sendo mulheres exemplares, tudo nelas estava voltado para a preservação da vida. Embora o sacrifício de animais fosse comum nos altares gregos, as Musas rejeitavam qualquer derramamento de sangue e só aceitavam oferendas de água fresca, leite ou mel. Amavam a paz, e jamais escultor ou pintor ousou representá-las armadas, como costumavam fazer com Atenas ou Artêmis, deusas guerreiras.

Sim, eram pacíficas e benfazejas, mas tolo seria quem pensasse que isso era sinal de fraqueza, como veio a descobrir o pobre Tamíris, poeta bobo e presunçoso. Todos sabiam que as Musas penetravam na mente dos mortais para torná-los criativos; o artista afortunado que recebesse sua visita não teria problemas para encontrar o ritmo e as palavras certas para suas composições — mas não adiantava convocá-las, porque, assim como a fome, o amor ou a alegria, elas só viriam quando assim decidissem. Tamíris quis assumir o controle e as desafiou para um concurso musical: se vencesse, poderia possuir todas as nove; se perdesse, elas fariam com ele o que quisessem. Elas o derrotaram, tiraram-lhe os olhos, a lira e a memória, para puni-lo, como diz nosso poeta Antônio Cícero, pela insensatez de querer possuir aquelas que já o possuíam.

E ai da mulher que ousasse competir com elas! As Piérides, hábeis cantoras, desafiaram as Musas — e elas as transformaram num bando de gralhas barulhentas. As sereias, que tinham corpo de ave e rosto de mulher, caíram no mesmo erro de enfrentá-las — e elas tiraram-lhes as penas, fazendo com que nunca mais pudessem voar. Assim eram elas, e ainda o são, nossas musas: doces e suaves, trazem beleza e paz para os que sabem tratá-las como merecem; para os outros, no entanto... Cuidado com elas!

60. Um veneno insuportável

Um dia, quando Hermes, o mensageiro dos deuses, voava sobre os arredores de Atenas, sua atenção foi atraída por um gracioso cortejo: eram Pandrosa, Herse e Aglaura, as três belas filhas do rei Cécrops, com guirlandas de flores na cabeça, que voltavam do templo da deusa protetora da cidade. Ao ver Herse, cuja beleza empalidecia a das irmãs assim como o Sol faz com as estrelas, Hermes ficou tão perturbado que não atinou em descer; em vez disso, descreveu uma grande curva nos céus e voltou a tempo de vê-las entrando em casa. O deus, então, com o coração já enfeitiçado pela jovem princesa, desceu ao solo para procurá-la. As três irmãs dormiam em aposentos contíguos, e Aglaura foi quem viu o belo estranho que se aproximava. Hermes tratou com simpatia a possível cunhada; contou-lhe quem era e a que vinha, e rogou-lhe que o ajudasse a aproximar-se de Herse. Aglaura, que empalideceu ao ouvir o deus confessar seu amor pela irmã, disse que talvez pudesse ajudá-lo em troca de muito ouro, mas que agora ele devia ir embora.

Desapontado, Hermes contou tudo à deusa Atena, que resolveu punir Aglaura, com quem tinha velhas contas a ajustar; para tanto, foi procurar a Inveja e mandou-a invadir o coração da princesa. Enquanto Aglaura dormia, a Inveja entrou no palácio e soprou o hálito peçonhento nas narinas da jovem, espalhando seu veneno pelo sangue e pelos ossos; para coroar sua obra, insuflou-lhe então na mente a tortura de ficar imaginando cada detalhe, dos mais ínfimos aos mais grandiosos, do possível casamento de Herse. Desse dia em diante, Aglaura começou a se roer por dentro; não era ciúme o que a fazia sofrer, porque Hermes não a atraía, mas a terrível ideia de que Herse seria feliz. Chegou a pensar em morrer, para não presenciar o triunfo da irmã.

Quando Hermes voltou, ela estava tão desatinada que deitou diante da porta para impedir sua passagem. O deus tentou afastá-la, com palavras suaves, mas ela declarou que iria ficar ali para sempre; Hermes, impaciente, respondeu que concordava — e tocou-a com seu bastão mágico. Imediatamente, Aglaura percebeu que estava perdendo os movimentos. Um frio mortal foi tomando todo seu corpo; ela sentiu o peito virar pedra, e pedra virar seu pescoço, até que suas feições também se enrijeceram e ela ficou ali, como uma estátua inútil, que nem ao menos era de pedra branca, mas de uma pedra escurecida pela chama negra da inveja.

Não seríamos humanos se não reconhecêssemos, nesse mito contado por Ovídio, o que faz Aglaura sofrer: mais do que a compreensível vontade de ter o que Herse tem, ela sente o desejo obscuro de que Herse não o tenha. Por isso ela vira uma estátua, vítima da mesma paralisia que acomete aquele que, ao saber do sucesso de alguém, sente-se mal e entristece — não por perder alguma coisa, mas porque a simples ideia de que outros possam ser felizes torna-se para ele um veneno insuportável.

Este livro foi composto na tipografia Minion Pro,
em corpo 11/16,5, e impresso em
papel off-white no Sistema Cameron da
Divisão Gráfica da Distribuidora Record.